Toni Mörwald · Herbert Hacker · David Ruehm

KOCH LUST

Pichler Verlag

Inhalt

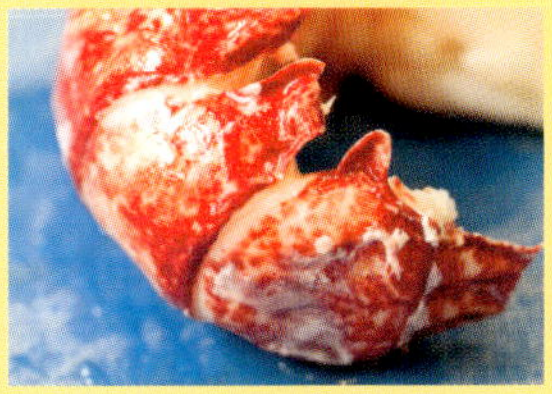

Vorwort

Jeden Mittwoch um 17 Uhr treffen einander im Landgasthaus „Zur Traube" in Feuersbrunn Hobbyköche und Feinschmecker, um gemeinsam herauszufinden, wie man Suppen macht, einen Fischfond ansetzt, wie man Saucen montiert, Fische filetiert oder Wachteln und Hühner zerteilt.

Toni Mörwald veranstaltet diese Kochseminare in seinem Stammbetrieb seit fast 20 Jahren. Ob Frauen oder Männer, Studenten, Bankangestellte, Künstler, Pensionisten oder Manager, ob Anfänger oder Fortgeschrittene, ob Jung oder Alt – sie alle habe eines gemeinsam: eine unbändige Lust zu kochen.

Immer mehr Menschen erkennen, dass Kochen ihr Leben reicher und erfüllter macht. Kochen, die Grundtechnik menschlicher Kultur, kann entspannen, kann erholsam sein und ausgleichend wirken und wird schon lange nicht mehr nur als mühsame Knochenarbeit empfunden. Kochen, so möchte dieses Buch vermitteln, ist selbst ein unverrückbarer Teil des Genießens, es bedeutet Lebensqualität und Lebensfreude. Es führt uns zurück zu Geschmäcker und Aromen, hinein in eine pralle Welt voll aufregender Sinneserfahrungen. Wer selbst kocht, weiß einfach besser Bescheid über die faszinierende Vielfalt der Gaumenfreuden.

Um lustvoll zu köcheln, braten und garen ist aber ein wenig Grundwissen notwendig. Und genau aus dieser Überlegung ist dieses Buch entstanden. Es sind keine Belehrungen von oben herab, keine angsteinflößenden und komplizierten Geheimrezepturen, sondern zu einem Großteil einfache Grundrezepte als Basis für fantasievolle Gerichte, die jeder nach Lust und Laune herstellen kann.

Koch-Lust ist damit nicht nur der Titel dieses Buches, sondern auch das zentrale Motto. Um diese Lust zu wecken haben wir deshalb eine für Kochbücher vielleicht etwas unübliche Form gewählt: mit auffallend vielen Bildern, die Appetit machen sollen, mit ausführlichen Schritt-für Schritt-Anleitungen einzelner Basis-Rezepturen, denen wir deutlich mehr Platz widmeten. Denn einen Fisch richtig zu filetieren, eine Sauce hollandaise aufzuschlagen, einen Kalbsfond herzustellen – das macht vielen Hobbyköchen noch immer Angst. Doch all diese Basistechniken zu erlernen kann auch Spaß machen. Wem einmal eine Sauce hollandaise gelungen ist, der wird sie immer wieder machen und auf Fertigprodukte verzichten.

Apropos Produkte: Weil gute Grundprodukte für die Lust am Kochen unentbehrlich sind, haben wir auch einige Produzenten vorgestellt, die vielleicht noch nicht so bekannt sind, aber großartige Delikatessen erzeugen – vom Käsemacher und Essigproduzenten bis zum Schnecken- und Fischzüchter.

Natürlich gibt es noch wesentlich mehr solcher Idealisten mit hohem Qualitätsanspruch. Doch dieses Buch erhebt schon allein aus Platzgründen in keinem Bereich Anspruch auf Vollständigkeit. Es kommen auch nicht alle Saucen, Suppen oder Teige vor, sondern nur die wichtigsten oder jene, die uns besonders geeignet erschienen.

Koch-Lust soll vor allem Anregung und Einladung sein – zum spielerischen Umgang mit dem Thema Kochen und zu einer außergewöhnlichen Begegnung mit dem weiten Reich des Genießens.

In diesem Sinne wünschen wir Ihnen viel Spaß, eine ordentliche Portion Lust und gutes Gelingen!

Herbert Hacker
Toni Mörwald

Die Meisterklasse

Jeden Mittwoch finden im Gasthaus „Zur Traube" in Feuersbrunn Kochseminare für Hobbyköche statt. Toni Mörwald zeigt hier Anfängern und Fortgeschrittenen die Grundtechniken des Kochens und wie man mit den diversen Produkten richtig umgeht. Jede Woche ein anderes Thema – und immer wieder neue Rezepte. Natürlich werden die Gerichte anschließend von den ambitionierten „Kochlehrlingen" gemeinsam verzehrt.

Suppen

Suppen kochen ist nicht schwer. Es braucht nur die richtigen Zutaten und ein wenig Zeit. Auch ein paar Tricks können nicht schaden – so wie jener mit der gezuckerten und angerösteten Zwiebel in der Rindsuppe.

Die Lust, Suppen zu machen

Suppen sind in einer guten Küche unentbehrlich. Sie sind nicht nur als Basis unverzichtbar, im Unterschied zu den Fonds können sie auch als eigenständiges Gericht bestehen.

In vielen Küchen dieser Welt hat die Suppe seit jeher einen hohen Stellenwert. Für die Chinesen etwa ist die Geflügelsuppe so wichtig wie Salz und Pfeffer, jeder Koch hat seine Hühnerbrühe stets griffbereit.

Aber auch in unseren Breiten ist eine Suppe mehr als nur eine heiße Flüssigkeit. Suppen können wärmen, aber auch erfrischen, sie heben die Laune und wirken nicht selten wie Medizin.

Wir haben nur vergessen, dass selbstgemachte Suppen natürlich wesentlich besser schmecken als all die Würfel, Pulver und sonstigen Errungenschaften der modernen Lebensmittelindustrie. Und Suppen zu kochen kann auch Spaß machen. Die Ergebnisse werden Sie überzeugen. Oft genügt nur ein kleiner Trick und die Suppe schmeckt sogar besser als in Ihrem Lieblingsgasthaus. Nur eine kleines Beispiel: Für die Rindsuppe – in Österreich schon fast ein Kulturgut – sollte man eine durchgeschnittene Zwiebel in Zucker tauchen und einige Zeit karamellisieren lassen. Der Geschmack, der dadurch entsteht, ist tatsächlich beeindruckend.

Suppen werden heute ganz generell etwas anders gemacht als früher. Die Zeiten der Kalorienbomben sind vorbei. Heute sind die Suppen leichter, feiner und bekömmlicher.

Zu den wichtigsten Suppenarten gehören die „Klaren Suppen", auch „Brühe" oder „Bouillon" genannt, die „Gebundenen Suppen" und die „Pürierten Suppen" mit Gemüse oder Kräutern.

In der Folge zeigen wir Ihnen einige Beispiele aus allen drei Kategorien.

Rindsuppe

Zutaten (für ca. 2 l Suppe):
500 g Rindfleisch (Beinfleisch, Schulter oder Brust)
300 g Rindsknochen
1 weiße Zwiebel
100 g Lauch
100 g gelbe Rüben
100 g Karotten
150 g Knollensellerie
1 Lorbeerblatt
Petersilie
Salz, Pfeffer

So wird es gemacht:

Zwiebel in zwei Hälften schneiden, Haut drauf lassen und die untere Fläche in Zucker tauchen. Die gezuckerten Zwiebelhälften mit etwas Fett in einer Pfanne ca. 15 Minuten anrösten, so dass die Fläche karamellisiert und dunkel wird. Dabei nicht zu viel Hitze geben, denn die Zwiebel muss tief nach innen karamellisieren. Dadurch erhält die Suppe eine kräftigere Farbe, aber auch einen besseren Geschmack.

Das Fleisch in einen Topf geben und mit kaltem Wasser (3–4 Liter) aufgießen. Ungefähr sechs Stunden kochen lassen. Immer wieder den Schaum abschöpfen. Eine halbe Stunde vor Ende der Garzeit kommt das Gemüse hinzu. Gibt man es zu früh in die Suppe, verliert es den Gemüsegeschmack.

Suppe zum Schluss durch ein feines Sieb abseihen und mit Salz und Pfeffer abschmecken.

Hühnersuppe

Zutaten:
2 kg Hühnerteile (Karkassen und Fleisch)
150 g große Karotten
100 g Lauch
100 g gelbe Rüben
100 g Stangensellerie
Salz, Pfeffer

So wird es gemacht:

Die Hühnerteile in reichlich kaltem Salzwasser aufsetzen. Das Salz entzieht dem Fleisch und den Knochen den Saft. Sobald das Wasser kocht, nur noch bei schwacher Hitze ziehen lassen. Für einen Hühnerfond genügt es, die Flüssigkeit 3–4 Stunden köcheln zu lassen. Eine Suppe braucht länger und sollte schon 5–6 Stunden auf der Flamme sein. Immer wieder die Trübstoffe oder den Schaum mit einem Sieblöffel entfernen. Etwa eine halbe Stunde vor Ende der Garzeit kommt das klein geschnittene Gemüse dazu. Je nach Vorlieben kann man auch noch eine Chilischote, Lorbeerblätter, Nelken und Pfefferkörner dazu geben.

Zum Schluss die Suppe abseihen und mit Salz abschmecken.

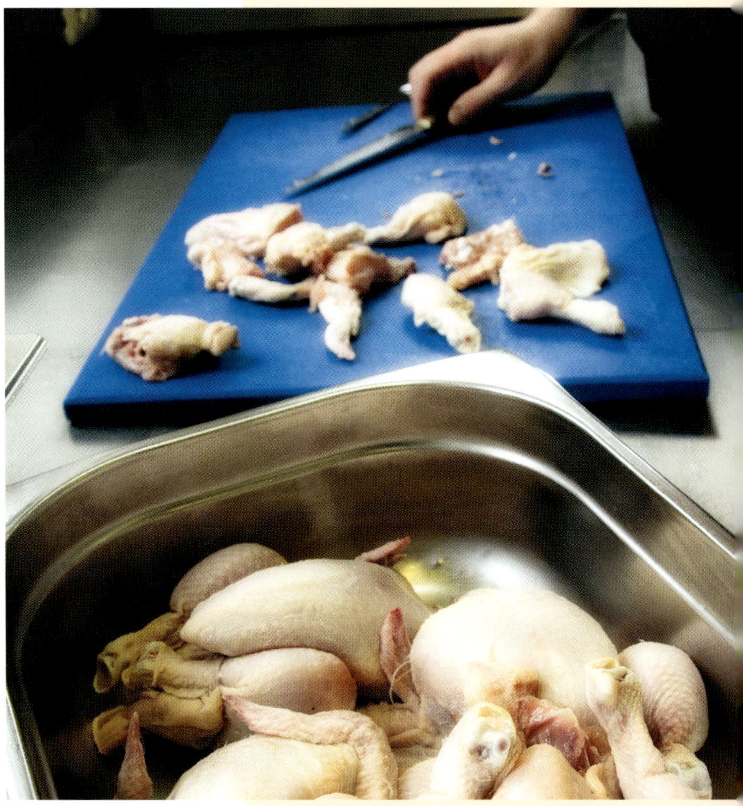

Consommé

Zutaten:

Für die Consommé:
300 g Rindfleisch
300 g Knochen
1 große Zwiebel
1 Karotte
1 gelbe Rübe
1 Petersilwurzel
4–5 Knoblauchzehen
2 l Wasser
10 Wacholderbeeren
10 Pfefferkörner
4 Lorbeerblätter
1 Schuss Sherry

Für das Klärfleisch:
400 g Klärfleisch (oder mageres Rinderhackfleisch)
1 Karotte
1 gelbe Rübe
1 TL Paradeismark
Eiweiß von 6 Eiern
Rosmarin, Thymian
Salz, Pfeffer

So wird es gemacht:

Für die Consommé einen Topf mit zwei Liter kaltem Wasser und den Zutaten aufstellen und langsam 2–3 Stunden köcheln lassen.

Den ersten Suppenansatz durch ein feines Tuch abseihen und am besten über Nacht überkühlen lassen.

Für den Klärkuchen Karotte und gelbe Rübe im Mixer zerkleinern, mit Eiweiß, Paradeismark, Gewürzen und Kräutern vermischen. Die Klärfleischmasse gut durchrühren und mit der vollständig ausgekühlten Suppe wieder neu kalt aufstellen.

Immer kräftig durchrühren, bis die Consommé kocht, da sich sonst das Eiweiß absetzt und verbrennt.

Sobald die Kraftsuppe aufkocht, die Herdplatte zurückdrehen und die Consommé nur mehr eine ¾ Stunde ziehen lassen. Die Suppe wieder durch ein feines Tuch abseihen und mit Sherry verfeinern.

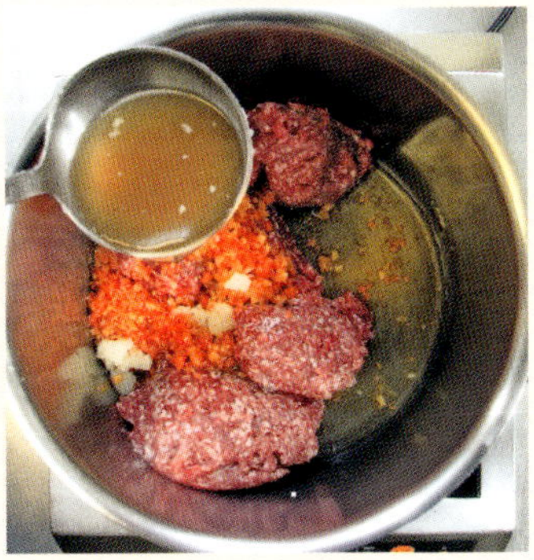

Gazpacho

Zutaten:
250 g gewürfelte Paradeiser
250 g gewürfelte Gurken
250 g gewürfelte rote Paprika
250 g rote Zwiebel
¾ l Paradeisersaft
2 EL Paradeismark
4 Zehen Knoblauch
2 Chilischoten
Saft von 2 Zitronen
2 EL Olivenöl
2 EL Sherryessig
1 Bund Thymian
Salz, Pfeffer

So wird es gemacht:

Alle Zutaten in eine große Schüssel geben und über Nacht im Kühlschrank ziehen lassen. Dann im Mixer passieren, mit Salz und Pfeffer abschmecken, durch ein Sieb gießen und in kleine Gläser füllen.

Saucen

Die Furcht des Hobbykochs vor den Saucen ist wie die Angst des Tormanns beim Elfmeter. Dabei ist alles wesentlich einfacher, als viele glauben. Wichtig sind ein paar Tricks und viel Hingabe.

Die Lust, Saucen zu machen

Saucen sind richtige Angstmacher. Schon allein die Behauptung, es handle sich dabei um die „Krönung der feinen Küche", flößt einem Ehrfurcht ein.

Natürlich sind Saucen ein wesentlicher Bestandteil einer guten Küche. Doch wer mit einem mulmigen Gefühl im Bauch etwa eine Sauce hollandaise aufschlägt, dem wird sie wahrscheinlich tatsächlich misslingen. Und ist sie einmal schiefgegangen, sitzt die Angst vor einem weiteren Scheitern tief, damit ist das Thema Saucen meist für alle Zeiten abgehakt.

Dabei ist alles wesentlich einfacher, als viele glauben. Eine der vielen Grundsaucen anzufertigen, ist alles andere als ein Kunststück. Man muss es nur tun – und vielleicht ein paar kleine Tricks berücksichtigen. Ist sie einmal gelungen, wird man sie immer wieder machen, sozusagen aus dem Handgelenk. Und was gibt es Besseres als eine frisch aufgeschlagene Sauce hollandaise etwa zu Spargel, zu Artischockenböden oder für ein „Ei Bénédictine"?

Wir haben deshalb einige Grundsaucen für Sie ausgesucht, die sich wesentlich leichter herstellen lassen, als gemeinhin angenommen wird. Und wer einmal eine Sauce béarnaise, eine Beurre blanc oder eine Sauce Choron beherrscht, der wird rasch feststellen, dass die Lust aufs Saucenmachen ständig wächst. Achtung: Wer einmal dieser Lust verfallen ist, für den gibt es kein Zurück mehr! Fertigprodukte aus dem Supermarkt haben ab diesem Zeitpunkt keine Chance mehr, denn sie schmecken einfach anders.

Mayonnaise

Zutaten:
2 Eigelb
1 EL Dijonsenf
Salz, weißer Pfeffer
Rotweinessig (oder Weißweinessig für eine hellere Mayonnaise)
entweder neutrales Tafelöl
Rapsöl oder Erdnussöl

So wird es gemacht:

Eigelb, Salz, weißen Pfeffer, Essig und Senf in eine Schüssel geben. Das Öl vorsichtig unter ständigem Rühren dazuträufeln, bis eine cremige Konsistenz entsteht. Wichtig ist, dass Salz und Pfeffer gleich zu Beginn dazugegeben werden. Nicht am Schluss salzen. Je nach Belieben kann die Mayonnaise auch noch mit Zitronensaft abgeschmeckt werden.

Sauce hollandaise

Zutaten (für 2 Personen):
2 Eidotter
Wasser (pro Eidotter eine halbe Eierschale voll)
150 g Butter
20 ml Weißwein
etwas Zitronensaft
Salz
weißer Pfeffer

So wird es gemacht:

Eigelb in die Schüssel geben. Wichtig: Pro Eigelb eine halbe Eischale mit Wasser füllen und das Wasser dazugeben. Eine halbe Eischale Wasser pro Eigelb ist genau die richtige Menge, die wir brauchen – mit dieser Menge an Wasser gelingt die Hollandaise ganz sicher.

Jetzt die Butter schmelzen. Manche empfehlen, die Butter so lange zu kochen, bis sich die Molke abgesetzt hat. Wer allerdings mehr Geschmack haben will, kann auf diese Prozedur ruhig verzichten und einfach nur die Butter erhitzen, bis sie flüssig ist.

Dann Eigelb und Wasser in heißem Wasserbad aufschlagen (am besten einen Schlagkessel mit rundem Boden auf einen Topf mit kochendem Wasser stellen), bis die Konsistenz etwas dicker wird. Jetzt die Butter hinzugeben – zunächst tropfenweise, dann immer mehr – und weiterhin aufschlagen.
Die Butter sollte nicht mehr allzu heiß sein, sondern in etwa die gleiche Temperatur wie das Eigelb haben. Jetzt Salz (je nach Vorliebe auch etwas weißen Pfeffer) und Weißwein dazugeben, weiter aufschlagen, bis eine cremige Konsistenz entsteht. Achtung: Die einzige wirkliche Gefahr ist, dass die ganze Angelegenheit zu heiß wird und dadurch das Ei stockt. Also eher Temperatur zurück- oder die Schüssel immer wieder kurz vom heißen Wasserbad nehmen. Dabei aber nie mit dem Rühren aufhören. Je nach Geschmack zum Schluss während des Aufschlagens noch etwas Zitronensaft oder Essig hinzugeben und abschmecken.

Sauce béarnaise

Zutaten (für 4 Personen):
2 Eidotter
150 g Butter
20 ml Weißwein
Essig
eine kleine Schalotte
ein Bund Estragon
zerstoßener Pfeffer
etwas Zitronensaft
Salz

So wird es gemacht:

Die Sauce béarnaise funktioniert vom Prinzip her wie die Sauce hollandaise.

Zuerst die Schalotte klein schneiden. Die Pfefferkörner am besten auf ein Holzbrett geben und mit dem Boden einer schweren Kasserolle zerstoßen. Statt des zerstoßenen Pfeffers kann man natürlich auch Pfeffer aus der Pfeffermühle nehmen, der Geschmack aber ist dann nicht so intensiv.

Schalotte, Pfefferkörner und Wein in einem kleinen Topf kurz aufkochen lassen, etwas frischen Estragon dazugeben, reduzieren lassen, dann die beiden Eigelb dazugeben und ohne Hitze kurz verrühren. Danach die Masse in einen Schlagkessel mit rundem Boden geben und auf einen Topf mit kochendem Wasser stellen. Über diesem Wasserbad aufschlagen und dabei langsam die flüssige Butter hinzugeben. Salzen und den restlichen, fein gehackten Estragon dazugeben, weiterhin aufschlagen, bis die Sauce cremig wird.

Wer keine Schalottenstücke in der Sauce mag, kann sie vorher durch ein Sieb abseihen. Puristen empfehlen allerdings, die Sauce béarnaise mit den Schalottenstücken zu servieren.

Diese Sauce eignet sich vor allem zu Fleischgerichten und Steaks, kann aber natürlich auch für vieles andere verwendet werden. Letztlich hängt das von Ihren eigenen Vorlieben ab.

Buttersauce Beurre blanc

Zutaten (für 4 Personen):
150 g Butter
1 kleine Schalotte
20 ml Weißwein
Zitronensaft

So wird es gemacht:

Schalotten klein schneiden, anschwitzen, mit Weißwein und Zitronensaft ablöschen, reduzieren. Das Ganze durch ein Sieb gießen, damit die Schalotten nicht in der Sauce bleiben. Wieder erhitzen und kleine kalte Butterstücke dazugeben, schmelzen lassen und mit dem Schneebesen kräftig rühren. Zum Schluss vielleicht noch einen Spritzer Zitronensaft einrühren.

Eine Beurre blanc ist eine Grundsauce. Gibt man etwas Fischfond hinzu, wird sie zu einer Fischgrundsauce, die sich wiederum leicht verändern lässt. Etwa mit in Wasser (oder Weißwein) aufgelösten Safranfäden oder mit verschiedenen fein gehackten Kräutern (Estragon, Petersilie, Kerbel), die mit dem Pürierstab in die Sauce gemixt werden.

Sauce Choron

Zutaten (für 4 Personen):
2 Eidotter
150 g Butter
1 EL Paradeismark
1 Paradeiser
20 ml Weißwein
Essig
eine kleine Schalotte
zerstoßener Pfeffer
etwas Zitronensaft
Salz

So wird es gemacht:

Die Sauce Choron funktioniert vom Prinzip her wie die Sauce béarnaise ohne Estragon, aber mit Paradeismark und Paradeiserstücken.

Die ersten Schritte sind die gleichen wie bei der Sauce béarnaise. Also: Zuerst die Schalotte klein schneiden. Schalotte, zerstoßene Pfefferkörner und Wein in einem kleinen Topf kurz aufkochen lassen, reduzieren lassen, dann die Eidotter dazugeben und ohne Hitze kurz verrühren. Danach einen EL Paradeismark einrühren. Dann die Masse in einen Schlagkessel mit rundem Boden geben und auf einen Topf mit kochendem Wasser stellen. Über diesem Wasserbad aufschlagen und dabei langsam die flüssige Butter hinzugeben. Inzwischen wird der Paradeiser kurz blanchiert, die Haut abgezogen und in kleine Würfel geschnitten. Die Paradeiserwürfel untermischen.

Béchamel

Zutaten (für 4 Personen):
25 g Butter
30 g Mehl
½ l Milch
1 Lorbeerblatt
1 Knoblauchzehe
Gewürznelken
Salz, Pfeffer

So wird es gemacht:

Die Butter und das Mehl in einen Topf geben und langsam erhitzen. Mehl und Butter verrühren. Jetzt die Milch langsam eingießen und bei geringer Hitze ca. 20 Minuten ständig rühren, bis sie dicklich wird. Lorbeerblatt, Knoblauchzehe, Zwiebel und Gewürznelken dazugeben und noch einige Minuten ohne Hitze ziehen lassen.

Sauce Mornay

Zutaten (für 2 Personen):
25 g Butter
30 g Mehl
60 g Parmesan oder Emmentaler
½ l Milch
1 Lorbeerblatt
1 Knoblauchzehe
Gewürznelken
Salz, Pfeffer

So wird es gemacht:

Im Prinzip ist die Sauce Mornay eine Béchamelsauce mit Käse. Also eine Béchamelsauce anrühren und zum Schluss den geriebenen Käse dazugeben. Glatt rühren, fertig.

Bartscher IK 30

Sauce Gribiche

Zutaten (für 4 Personen):
2 Eier
1 TL Dijonsenf
⅓ l Olivenöl
2 EL Weißweinessig
2 Gewürz- oder Essiggurken
1 EL Kapern
2 EL fein gehackte Kräuter
(Petersilie, Kerbel, Estragon)
Salz, Pfeffer

So wird es gemacht:

Die zwei Eier 10 Minuten hart kochen. Kapern und Essiggurken fein hacken. Mit Öl und Essig eine Art Mayonnaise anrühren; Senf dazugeben und mit den Kapern und Essiggurken vermischen. Die harten Eier durch ein feines Sieb pressen und zusammen mit den Kräutern dazugeben. Wieder alles vermischen und mit Salz und Pfeffer abschmecken.

Hummerbutter

Zutaten (für 4 Personen):
400 g Karkassen von Hummern
200 g Schalotten
200 g Lauch
200 g Karotten
200 g Zeller
50 g Butter
50 ml Olivenöl
50 g Schmalz
50 ml Portwein
50 ml Sherry
5 Pfefferkörner
2 Lorbeerblätter, Petersilstängel
1 l Obers
150 g Butter zum Montieren

So wird es gemacht:

Die Karkassen anrösten – Wurzelgemüse mitrösten und mit Portwein aböschen. Einreduzieren lassen.

Danach noch einmal ablöschen mit Sherry und wieder einreduzieren, Pfefferkörner, Lorbeerblätter und Stängel von Petersil dazugeben, mit Obers auffüllen und für 1 ½ Stunden leicht köcheln.

Danach abseihen und mit Butter montieren, anschließend nicht mehr aufkochen, mit Salz und Pfeffer abschmecken.

Die Hummerbutter kann auch portionsweise eingefroren werden, so hat man ständig einen Vorrat zur Verfügung.

Man kann diese Butter natürlich auch mit den Schalen von Garnelen, Langusten und Krebsen machen.

Hummersauce

Zutaten (für 4 Personen):
1 Hummer (ca. 1 kg)
200 g Karotten
200 g gelbe Rüben
1 Schalotte
2 EL Öl
20 g Butter
2 Knoblauchzehen
2 EL Paradeismark
¼ l Weißwein
3 EL Cognac
1 Bund Estragon
1 Zweig Thymian
1 Lorbeerblatt
Salz, Pfeffer

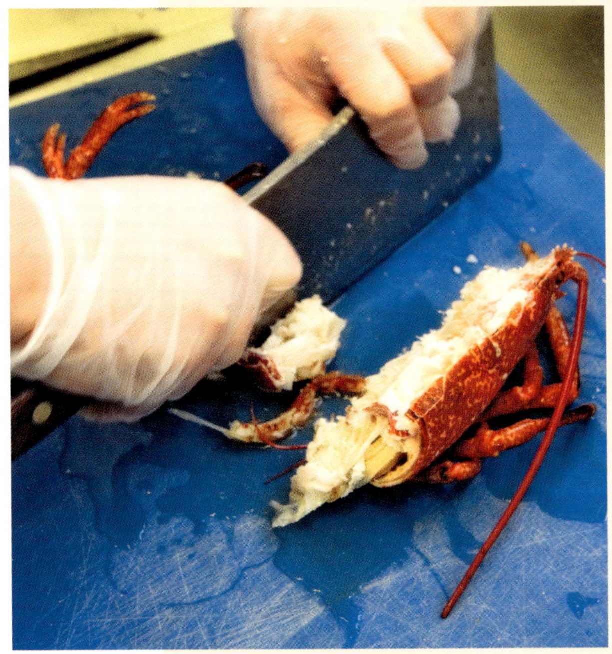

So wird es gemacht:

Den lebenden Hummer kurz im Wasser kochen. Dann zerkleinern und in einem großen Topf in Öl anbraten. Gemüse, Knoblauch und Schalotte klein schneiden, zum Hummer geben und in Butter anschwitzen. Das Paradeismark einrühren und mit Cognac ablöschen. Anschließend mit Weißwein und Wasser aufgießen bis alles bedeckt ist. Lorbeerblatt und die Kräuter dazugeben. Nun 40 Minuten auf kleiner Flamme köcheln lassen und gegebenenfalls immer wieder mit Wasser oder Wein aufgießen. Zuletzt durch ein Sieb oder feines Tuch abseihen, mit Salz und Pfeffer abschmecken.

Fond und Jus

Ohne einen guten Fond sind Saucen oft nur dünne Säftchen. Und sie sind leichter zu machen, als viele denken. Man braucht allerdings viel Zeit und die richtigen Produkte. Dann aber ist das Ergebnis verblüffend.

Die Lust, Fonds zu machen

Ein Fond ist im Unterschied zu einer Suppe ein echtes Basisprodukt. Eine gute Suppe muss tellerfertig gewürzt sein und als eigenständiges Gericht bestehen können. Einen Fond oder Jus hingegen benötigt man, um Saucen herzustellen oder in einem Gericht einen bestimmten Geschmack entstehen zu lassen. Ohne Fond oder Jus würde das nicht gelingen.

Wer echte Lust aufs Herstellen eines Fonds bekommen hat, den stört es auch nicht so sehr, dass die Dinge einfach Zeit brauchen. Schnell geht da gar nichts. Einen Fond kann man nicht erst machen, wenn die Gäste schon vor dem Eingang stehen. Fonds müssen vorbereitet werden, am besten am Vortag. Oder Sie haben das letzte Mal klugerweise eine größere Menge vorbereitet – und die Hälfte davon eingefroren. Am besten friert man einen Fond oder Jus in Eiswürfel-Behälter ein, dadurch ist jederzeit eine leicht zu dosierende Menge verfügbar. Drei oder Vier „Eiswürfel" aus dem Gefrierfach nehmen – und schon kann die jeweilige Sauce so gemacht werden, wie das auch große Köche im Gourmetrestaurant tun.

Was die Begriffe „Fond", „Jus", „Glace" und „Demiglace" betrifft, so herrscht für gewöhnlich eine allgemeine Verwirrung. Selbst Profis interpretieren jede einzelne Bezeichnung oft genug unterschiedlich. Das liegt daran, dass manche Begriffe aus der französischen Sprache ins Deutsche übernommen wurden und überdies jeder Koch seine eigene „Lehrmeinung" hat.

Hier ein Versuch, ein wenig Klarheit zu schaffen, wobei auch diese Aufzählung ganz sicher nicht einer „einheitlichen Lehre" entspricht.

Ein Fond wird zumeist auf Knochenbasis mit Röstgemüse hergestellt. Er ist die Basis für viele Saucen, kann aber in verfeinerter Form selbst zur Sauce werden. Ein dunkler Fond wird mit gebratenen oder gerösteten Knochen hergestellt, beim hellen Fond werden Knochen und Fleisch gekocht. Für den Fischfond (Fumet) werden Fischkarkassen verwendet, für den Gemüsefond eine Gemüsemischung.

Ein Jus ist im Wesentlichen ein nach bestimmten Rezepturen hergestellter Fond, der noch einmal reduziert wird.

Von einer Glace spricht man dann, wenn etwa ein Rinderfond noch zusätzlich reduziert wird. Eine Glace ist von dunkler Farbe und geliert stark, sobald sie abkühlt. Man kann sie gut für Bratensaucen verwenden.

Eine Demiglace ist eine braune Grundsauce, die relativ zeitaufwendig ist. Sie braucht schon gute 5–8 Stunden. Geschmacklich lohnt sich der Aufwand aber auf jeden Fall, denn die Demiglace verbessert jedes Gericht und verleiht ihm eine unvergleichliche Note.

Kalbsfond (dunkel)

Zutaten:
2 kg Kalbsknochen (Die besten Knochen sind jene von den Beinen – keine fettigen Knochen mit Mark verwenden. Der Fleischer gibt die richtigen Knochen klein geschnitten.)
150 g große Karotte
100 g Lauch
150 g gelbe Rüben
150 g Sellerieknollen
1 Knoblauch im Ganzen
2 EL Paradeismark
Thymian
Salz, Pfeffer
2 Lorbeerblätter
1 Flasche Rotwein, am besten einen Cabernet Sauvignon oder einen Syrah

So wird es gemacht:

Gemüse in kleine Würfel schneiden. Den ganzen Knoblauch in der Mitte durchschneiden (alle Zehen auf einmal) und dazugeben. In Butter anschwitzen und das Paradeismark einrühren. Mit Rotwein aufgießen. Lorbeerblätter, Salz und Pfeffer dazugeben und reduzieren lassen. Die Kalbsknochen in einen Bräter geben und bei 180 °C 40 Minuten rösten. Aufpassen: Die Knochen dürfen nicht schwarz werden, schon das kleinste Stück macht die Sauce bitter. Dann die Knochen zu dem Gemüse geben und mit etwas Wasser aufgießen. Jetzt mindestens 1–2 Stunden köcheln lassen und immer bevor die Flüssigkeit zu wenig wird, mit etwas Wasser aufgießen und weiter köcheln lassen. Aber nie sprudelnd kochen. Danach den Fond durch ein feines Tuch abseihen.

Rinderfond (dunkel)

Wird genauso wie der Kalbsfond hergestellt – nur eben mit Rindfleisch und Rindsknochen.

Gemüsefond

Zutaten:
250 g Lauch
100 g Brokkolistiele
300 g Karotten
200 g Stangensellerie
150 g Zucchini
2 Zwiebeln
20 g Butter
¼ l Weißwein
3 l Wasser
1 Zweig Thymian
1 Bund Rosmarin
1 Lorbeerblatt
1 Gewürznelke
1 Knoblauchzehe
Salz, Pfeffer

So wird es gemacht:

Die Schnittfläche einer halben Zwiebel in einer heißen Pfanne anbräunen. Die restlichen Zwiebeln in Ringe schneiden. Das gesamte Gemüse putzen und klein schneiden. Die Butter in einem großen Topf zerlassen und die Zwiebeln darin anschwitzen. Das gesamte Gemüse dazugeben und kurz anbraten. Mit Wein und Wasser ablöschen. Die gebräunte Zwiebelhälfte und die Kräuter dazugeben und alles aufkochen lassen. Den Schaum, der beim Kochen entsteht, immer wieder mit einem Löffel entfernen. Insgesamt 30–40 Minuten köcheln lassen. Nicht sprudelnd kochen. Die Suppe anschließend durch ein feines Tuch passieren und abseihen.

Zum Schluss den Fond ohne Gemüse noch etwas einkochen lassen, mit Salz und Pfeffer abschmecken.

Fischfond

Zutaten:
1 kg Fischkarkassen
80 g Schalotten
80 g Stangensellerie
100 g Lauch
½ l Weißwein trocken
1 Lorbeerblatt
3 Thymianzweige
3 EL Öl
1 TL weiße Pfefferkörner

So wird es gemacht:

Fischkarkassen grob zerkleinern und 20 Minuten wässern. Dabei das Wasser immer wieder erneuern, bis es klar bleibt. Die Karkassen in einem großen Topf in Öl einige Minuten andünsten und immer wieder wenden. Das Gemüse klein schneiden und mitdünsten. Mit Weißwein ablöschen und etwas reduzieren lassen. Dann mit 2 Liter kaltem Wasser aufgießen. Gewürze und Kräuter hinzugeben. Den Fond kurz aufkochen und 30 Minuten auf kleiner Flamme köcheln lassen. Danach durch ein feines Tuch abseihen.

Teige

Die meisten Leute kaufen einen fertigen Teig. Und diese sind oft gar nicht schlecht. Ein selbstgemachter Teig aber ist entscheidend besser. Und mit ein bisschen Übung ist alles gar nicht schwer.

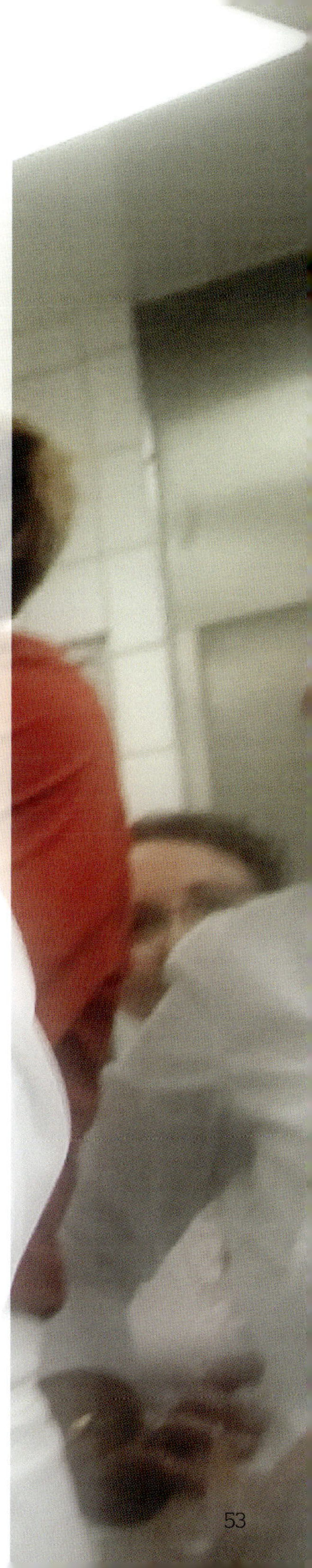

Die Lust am Kneten

Ursprünglich bestand ein Teig nur aus Mehl und Wasser. Damit wurden die ersten Brotsorten hergestellt – allerdings in grauer Urzeit.

Heute gibt es unzählige Teigarten, von denen man zumindest einige am besten selber machen sollte. Natürlich tut es zur Not auch eine gekaufte Fertigware, doch wem einmal ein guter Nudelteig für eine Pasta oder sogar ein Hefeteig gelungen ist, der wird erstaunt sein, welche Unterschiede es gibt. Außerdem kann die Teigherstellung zu einem Erlebnis für die ganze Familie werden. Kinder etwa lieben es, stundenlang herumzukneten und aus den Teigmaschinen das Letzte herauszupressen. Nur die Küche werden Sie danach nicht mehr wiedererkennen.

Eier-Nudelteig

Zutaten:
300 g Mehl
3 Eier
1 EL Olivenöl
etwas lauwarmes Wasser
Salz

So wird es gemacht:

Mehl auf eine Arbeitsfläche geben und eine Mulde hineindrücken. Nacheinander die Eier in der Mulde aufschlagen. Olivenöl und Salz dazugeben. Mit einem Löffel die Eier in der Mulde verrühren und langsam mit dem Mehl vermischen. Jetzt von außen nach innen verkneten, gegebenenfalls etwas Wasser dazugeben. Jetzt beginnt das eigentliche Kneten – immer wieder den Teig auseinander drücken und wieder zusammenlegen. Der Nudelteig soll am Schluss glatt und fest sein. Dann den Teig in eine Klarsichtfolie geben und mindestens eine Stunde rasten lassen.

Welches Mehl für welchen Teig:

In Italien bereitet man die klassische frische Eierpasta mit einem Mehl zu, das als Farina 00 (doppio zero), bekannt ist. Das wäre die Idealversion.

Außerhalb Italiens wird für einen Standard-Teig zumeist das Weizenmehl «Type 405» verwendet (in Österreich Type 480). Für einen Teig mit viel Biss eignet sich eine Kombination aus Hartweizengries und Weizenmehl (Type 480). Für manche Pasta-Sorten (wie etwa Ravioli) ist auch griffiges oder doppelgriffiges Weizenmehl ideal.

Und für einen Teig mit hohem Eianteil verwednet man man am besten das Weizenmehl «Type 405» im Verhältnis: 300 g Mehl – ein Ei – 7 Eigelbe (ergibt etwa 500 g Teig).

Mürbteig

Ein Teigklassiker, der sich etwa für viele Arten von Quiche eignet – oder in der gesüßten Form für Desserts. Mürbteig wird entweder aus einer Mehl-Butter-Eier-Mischung oder aus einer Mehl-Butter-Wasser-Mischung hergestellt.

Zutaten (für eine Springform von rund 26 cm Durchmesser):
320 g Weizenmehl
170 g Butter
7–10 EL kaltes Wasser

So wird es gemacht:

Mehl in eine Schüssel geben und mit der in kleine Würfel geschnittenen Butter mit den Händen vermischen. Dann eine Mulde bilden, Wasser hineingeben und von außen nach innen kneten bis der Teig glatt ist. Rasten lassen.

Hefeteig

Zutaten:
500 g Mehl
¼ l Milch
2 Eier
70 g Butter
50 g Zucker
1 Packung Trockenhefe
30 g Hefe
Salz

So wird es gemacht:

Mehl auf eine Arbeitsplatte geben und eine Mulde bilden. Die lauwarme Milch in die Mulde gießen, Zucker und die Hefe dazugeben und die Eier darin aufschlagen. Butter erhitzen und ebenfalls hinzugeben. Von außen nach innen vermischen und alles zu einem geschmeidigen Teig kneten. Rasten lassen.

Die wichtigsten **Kochtechniken**

Schneiden
Putzen
Parieren
Zerteilen
Filetieren

BEI GEMÜSE UND OBST:

Wie schneidet man Zwiebeln und Schalotten?

Zuerst die Zwiebel längs halbieren und auf der Schnittfläche auflegen. In kurzen Abständen senkrecht bis knapp vor den Wurzelansatz einschneiden. Anschließend horizontal (also parallel zur Arbeitsfläche) wieder bis kurz vor der Wurzel einschneiden. Die Zwiebel darf aber nicht auseinanderfallen. Jetzt wieder senkrecht schneiden, dadurch entstehen kleine und gleichmäßig geschnittene Würfel. Diese Methode ist übrigens auch für das Aroma der Zwiebel entscheidend.

Was bedeutet „Julienne“ schneiden?

Karotten etwa schneidet man zuerst in größere Stücke, dann längs in dünne Scheiben. Danach die Scheiben übereinander legen und der Länge nach in Streifen („Julienne“) schneiden.

Wie schneidet man Artischocken?

Die Artischocken waschen und den Stiel abschneiden. Die Schnittfläche sofort mit einer halben Zitrone einreiben, der Zitronensaft verhindert, dass sich die Artischocke verfärbt. Zwei Drittel der Blätter abschneiden, die verbleibenden Blätter ebenfalls wegschneiden, bis nur noch der Boden übrig bleibt. Das Heu entfernen und die Böden in Zitronenwasser geben.

Bei jungen oder kleinen Artischocken den Stiel dranlassen, die Hälfte der Blätter abschneiden, den Stiel abschälen, harte Restblätter ebenfalls entfernen, dann der Länge nach halbieren und in Zitronenwasser geben.

Wie bekommt man Zesten?

Unbehandelte Zitronen oder Orangen waschen, trocken reiben und die Schale mit einem Zestenreißer mit sanftem Druck in dünnen Streifen abziehen.

BEI FISCH:

Wie filetiert man einen Lachs ?

Den Fisch am Rücken aufschneiden. Tief im Fleisch entlang der Mittelgräte aufschneiden und dabei die Bauchhöhlengräten durchschneiden.

Dann auch die Bauchseite ganz durchtrennen. Danach das Lachsfilet mit dem flach gehaltenen Messer von der Haut schneiden. Kleine Gräten mit einer Pinzette herausziehen.

Das Lachsfilet umdrehen, auf beiden Seiten den tranigen Mittelteil einschneiden und abziehen.

Wie filetiert man eine Seezunge?

Zwischen Schwanzflosse und Schwanzende die Haut der Seezunge quer einschneiden und ein kleines Stück der Haut vom Fleisch lösen. Mit der einen Hand die Schwanzspitze auf die Arbeitsplatte drücken und mit der anderen Hand die Haut in einem Schwung abziehen. Ist ein Rogen dabei, diesen mit Schere abschneiden. Flossensaum und Kopf ebenfalls abschneiden. Das erste Filet entlang der Mittelgräte einschneiden und mit dem flach geführten Messer zum Rand hin auslösen. Die drei anderen Filets genauso auslösen.

Wie zerteilt man einen Hummer?

Von einem ganzen Hummer (gekocht) werden zuerst die Scheren mit einer drehenden Bewegung vom Rumpf getrennt. Dann mit einem scharfen Messer den Hummer am Rücken vom Kopf an entlang der Mittelnaht durchtrennen. Auch den Kopf halbieren. Aus dem Rumpf die grüne Leber herausnehmen. Den Darm vorsichtig entfernen. Die Scheren vom darunter sitzenden Glied abdrehen, knacken und das Fleisch herausnehmen.

BEI FLEISCH UND GEFLÜGEL:

Wie schneidet man Fleisch?

Fleisch immer quer zur Faser schneiden, etwa bei einem Rinderfilet oder einem Schnitzel aus der Oberschale vom Milchkalb. So bleibt es beim Kurzbraten zart. Auch bei Steaks aus der Hochrippe schneidet man quer zur Muskelfaser.

Was versteht man unter „Parieren"?

Parieren ist eine Art zu putzen, etwa bei einem Rinderfilet im Ganzen. Dabei wird zunächst der seitlich entlanglaufende und durchwachsene Teil mit einem Messer herausgeschnitten. Anschließend werden die größeren Fettteile an der Unterseite des Filets weggeschnitten. Zuletzt die Sehne an der Oberseite abtrennen.

Wie zerteil man ein rohes Huhn?

Die Schenkel mit der Hand nach außen biegen, Haut und Fleisch bis auf das Gelenk durchschneiden. Dann die Schenkel etwas herausdrehen, bis die Gelenkkugel herausspringt und sich leicht lösen lässt. Anschließend die Gelenkbänder durchschneiden. Jetzt die Schenkel im Kniegelenk durchschneiden, dadurch erhält man Oberkeule und Unterkeule. Jetzt die Flügel am Schultergelenk abtrennen und etwas vom Brustfilet mit abscheiden. Bei der restlichen Karkasse den Rücken parallel zum Rückgrat durchschneiden. Zuletzt den Rücken in der Mitte teilen.

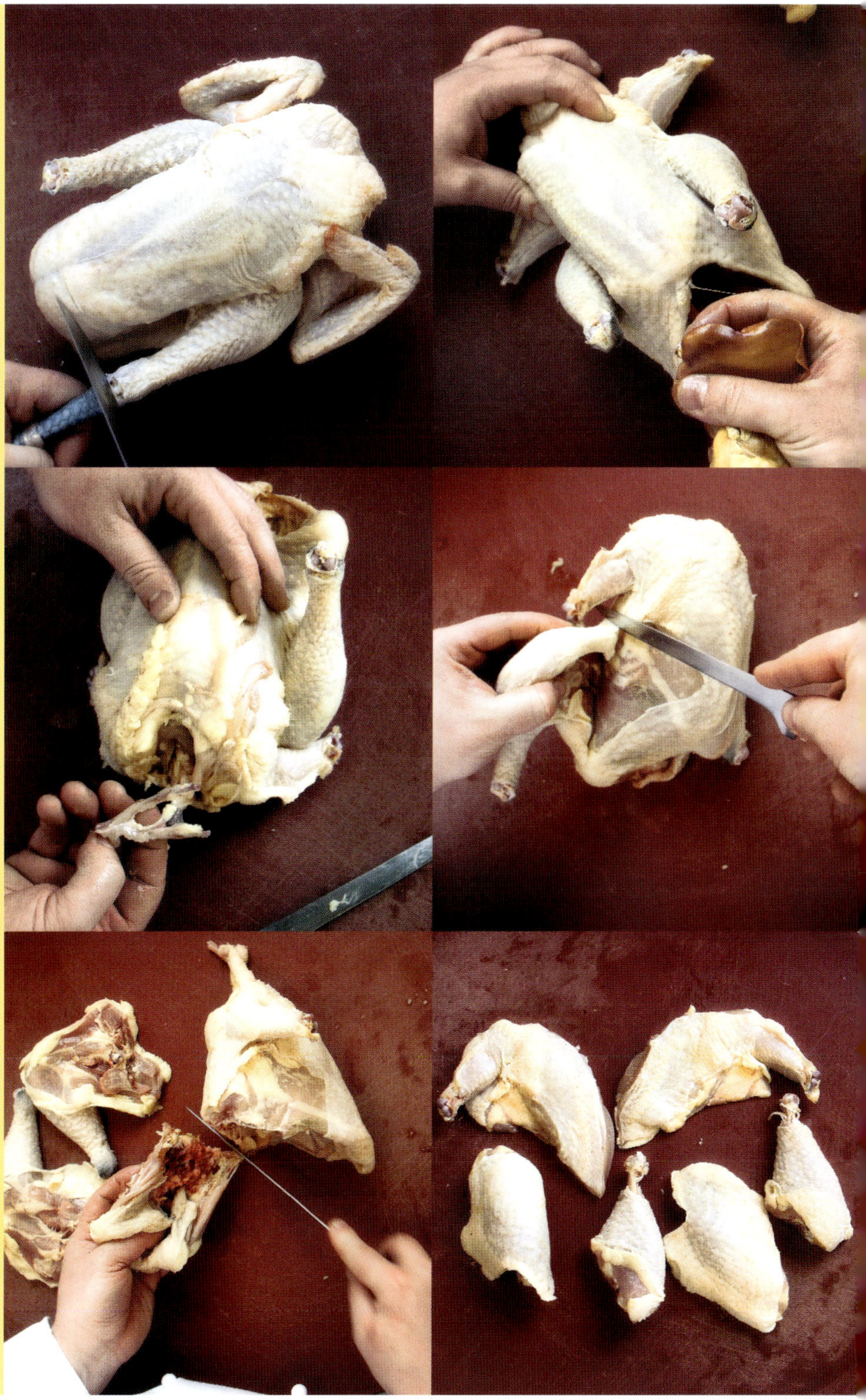

Marinieren Spicken

WIE MARINIERT MAN RICHTIG?

Beim Salat:

Entgegen einer weit verbreiteten Meinung sollte man Salz und Pfeffer nicht sofort in die Salatmarinade geben. Besser ist es, den Salat als Erstes zu salzen und zu pfeffern, denn durch die hygroskopische Wirkung des Salzes öffnen sich die Poren des Salatblattes und die ersten Aromen können sich entfalten. Erst danach die jeweilige Marinade über den Salat gießen oder einfach nur mit Öl und Essig vermischen.

Beim Fleisch:

Fleisch wird oft in eine würzige Marinade gelegt, in der Hoffnung, der Geschmack der Marinade dringt in die Zutaten ein und macht das Fleisch zarter. Das braucht Zeit und ist nicht unumstritten. Denn durch ein „Ölbad" wird kein Fleisch wirklich zarter, wesentlich wichtiger ist dafür eine lange Reifung. Auf alle Fälle keinen Wein oder anderen Alkohol in die Marinade geben, denn der kann sich vor allem bei kurzer Garzeit nicht vollständig verflüchtigen. Besser geeignet sind Knoblauch und Kräuter.

Welches Fleisch sollte gespickt werden?

Vor allem Wild (auch Lammkeulen können gespickt werden), dadurch wird das Fleisch saftiger und zarter. Dabei werden Speckstreifen mit einer Spicknadel schräg zur Faser in das Fleisch eingezogen.

Pochieren Dämpfen Dünsten Blanchieren

Wie pochiert man Eier?

In einem Topf einen Liter Wasser und 50 ml Essig heiß werden lassen, sodass die Flüssigkeit gerade siedet, aber nicht kocht. Das Ei aufschlagen und vorsichtig ins Wasser gleiten lassen. Das zerfließende Eiweiß mit einem Kochlöffel ans Eigelb drücken und 3–4 Minuten ziehen lassen. Mit einer Schaumkelle herausnehmen.

Mit pochierten Eiern lassen sich etwa Gerichte wie „Ei Bénédictine" oder „Ei Florentine" relativ leicht herstellen (siehe Rezeptteil).

Was kann noch pochiert werden?

Zum Beispiel Fisch. Pochieren ist ein schonendes Garen in einer Flüssigkeit (Wasser oder Sud) knapp unterhalb des Siedepunktes. Es eignet sich für Gargut, das leicht zerfällt oder platzt – eben Fisch oder Würstchen.

Was bedeutet „Blanchieren"?

Blanchieren ist im Wesentlichen nur ein kurzes Aufkochen. Spinat wird zum Beispiel gerne blanchiert. Dabei wird der geputzte Spinat kurz in Salzwasser aufgekocht und dann sofort in ein Eiswasser mit Eiswürfel gegeben. Dadurch wird der Garprozess abrupt gestoppt und die intensive grüne Farbe bleibt erhalten.

Kochen oder Dämpfen?

Was besser ist, darüber streiten Köche seit jeher. Kochen ist relativ einfach: Zutaten ins kochende Wasser geben und den richtigen Garpunkt abwarten. Angeblicher Nachteil: Beim Abgießen des Kochwassers gehen vor allem bei Gemüse wertvolle Vitamine verloren.

Die Verfechter des Dämpfens sind hingegen überzeugt davon, dass bei einem gedämpften Gemüse alle Vitamine erhalten bleiben. Dämpfen ist grundsätzlich Garen in einem Wasserdampf-Luft-Gemisch bei Temperaturen um die 100 °C. Man braucht dazu ein Gitter oder einen gelochten Dämpfeinsatz – oder so wie die Asiaten einen Bambuskorb. In modernen Küchen finden sich aber inzwischen auch immer öfter high-tech-artige Wasserdampf-Garer.

Worin bestehen die Vorteile beim Dünsten?

Gedünstet werden vor allem wasserreiche Lebensmittel wie Gemüse – aber auch Fisch, zartes Fleisch und Obst. Besonders bei Blattgemüse erzielt man mit dem Dünsten gute Ergebnisse. Unter Profis wird die Methode „à la vichyssoise" sehr geschätzt. Dabei werden Zwiebeln und das abgetropfte Gemüse in etwas Butter angeschwitzt. Dann wird mit Gemüsefond aufgegossen und im geschlossenen Topf gar gedünstet.

Damit wird auch die grundsätzliche Methode klar: Dünsten bedeutet Garen in einer Flüssigkeit bei geschlossenem Topf. Alles in allem eine altbewährte und sehr schonende Art des Garens.

Braten Schmoren Sautieren Napieren

Welche Fehler werden oft beim Braten gemacht?

Gebraten wird im Backofen und in der Pfanne. Beim Braten in der Pfanne werden die meisten Fehler gemacht. Generell wird viel zu heiß gebraten, außerdem kommt meist das Fleisch direkt aus der Pfanne auf den Teller. Dabei braucht kurz Gebratenes immer ein wenig Zeit zum „Rasten", damit die Außentemperatur des Fleisches langsam nach innen vordringen kann. Dadurch verliert das Fleisch den rohen und blutigen Charakter, obwohl es nicht durch ist. Denn durchgebraten sollte ein gutes Fleisch auf keinen Fall sein. Am besten ist Fleisch dann, wenn der innere Kern noch roh ist.

Also: Wer etwa bei einem Steak eine knackige Kruste will, sollte das Fleisch zunächst kurz bei starker Hitze anbraten, danach aber die Hitze sofort reduzieren und der Dicke des Steaks anpassen. Wichtig dabei: Nie vorher salzen, sondern immer nur nachher!

Lammkoteletts werden ebenfalls so heiß wie möglich angebraten. Bei Fisch etwa bekommt man durch das sogenannte „Crossbraten" eine knusprige Haut, man muss dabei das Bratgut auf der Hautseite nur ganz kurz scharf anbraten und dann meist gar nicht mehr wenden. Denn durch die Hitze auf der einen Seite ist auch die andere gar.

Generell gilt: Nur kurz extreme Hitze verwenden, ansonsten eher bei geringer Temperatur braten.

Welches Fleisch eignet sich zum Schmoren?

Bein- und Schulterfleisch ist grundsätzlich ideal zum Schmoren. Dabei sind der Phantasie beim Kombinieren der Zutaten kaum Grenzen gesetzt. Ob mit viel Gemüse oder einem leichten Fond, ob mit Wein, vielen Kräutern oder Orangen und Zitronen – geschmort werden kann praktisch alles, was gefällt. Einfach ausprobieren!

Was bedeutet „Sautieren"?

Sautieren (französisch „sauter", „kurz in Butter braten") ist eine spezielle Form des Kurzbratens. Das dünn geschnittene oder zerkleinerte Gargut wird dabei in einer Pfanne mit hochgezogenem Rand (Sauteuse) bei starker Wärmeeinwirkung in Butter „sautiert". Es wird nur so viel in die Pfanne gegeben, dass alles nebeneinander liegen und rasch die Hitze aufnehmen kann. Um übermäßige Saftabgabe zu verhindern, wird immer erst nach dem Anbraten gewürzt.

Was bedeutet „Napieren"?

Napieren bedeutet „mit Sauce übergießen". Das kann nach dem Kochvorgang, aber auch währenddessen passieren. Wird etwa ein Stück Fleisch in der Pfanne napiert, dann meint man damit das ständige Übergießen des Fleisches mit der Sauce oder der schaumigen Butter in der Pfanne. Am besten mit einem Löffel.

Was bedeutet „Montieren"?

Saucen werden oft „montiert". Dabei werden kalte Butterstücke in die Sauce gerührt, um sie dadurch etwas sämiger und auch geschmacklich runder zu machen.

MÖRWALD
Kochschule
„Entenküche mit Kraut & Knödel
& suppig mit Burgunder"
Menü
Herbstliche Blattsalate

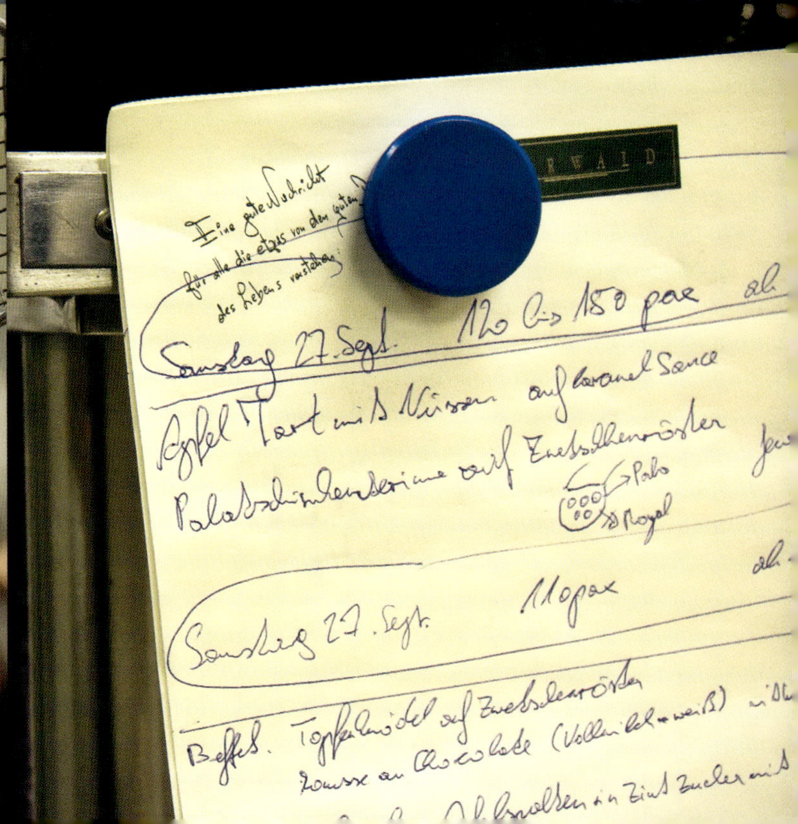

Es hat Spaß gemacht!

MÖRWALD

Eierspeis und Frühstück

Nur Müsli und Kräutertee nach dem Aufwachen ist ein bisschen wenig. Starten Sie lieber mit einem getrüffelten Ei im Glas oder einem Ei Bénédictine in den Tag.

Ei Bénédectine

Zutaten (für 4 Personen):
4 Eier
4 dünne Scheiben Beinschinken
4 Scheiben Toast
Salz, Pfeffer

Für die Hollandaise:
150 g Butter
2 Eidotter
20 ml Weißwein
1 Zitrone
Salz, weißer Pfeffer aus der Mühle

Zubereitung:

Die Hollandaise aufschlagen (siehe Kapitel *Saucen*).

4 Eier im Wasser pochieren. Die Rinde der Brotscheiben entfernen (oder die Brotscheiben kreisförmig ausstechen) und in Butter anbraten. Den Schinken anbraten, auf die Brotscheiben legen, Ei daraufsetzen und mit Hollandaise übergießen.

Ei Florentine

Zutaten (für 4 Personen):
4 Eier
4 Scheiben Toast
400 g Blattspinat
Muskat
Salz, Pfeffer

Für die Hollandaise:
150 g Butter
2 Eidotter
20 ml Weißwein
1 Zitrone
Salz, weißer Pfeffer aus der Mühle

Zubereitung:

Vier Eier im Wasser pochieren. Die Rinde der Brotscheiben entfernen (oder die Brotscheiben kreisförmig ausstechen) und in Butter anbraten. Den Blattspinat in Butter sautieren und eine Knoblauchzehe auf eine Gabel aufspießen. Mit der aufgespießten Zehe im Topf langsam rühren, sodass der Spinat einen sanften Knoblauchton erhält. Mit Muskatnuss, Salz und Pfeffer abschmecken. Den Blattspinat auf die Brotscheiben legen, Ei daraufsetzen und mit Hollandaise übergießen.

Ei im Glas mit Trüffel

Zutaten
(für 4 Personen):
4 Eier
1 weiße Trüffel
Salz

Zubereitung:

Eier ca. 4–5 Minuten wachsweich kochen, abschrecken und schälen. Die Eier jeweils in ein Glas geben, salzen und die weiße Trüffel darüberhobeln.

So einfach kann Genuss sein!

Spiegelei und Lachsrose

Zutaten (für 4 Personen):
4 Eier
2 EL Öl
400 g gebeizter Lachs
Dille
Salz, Pfeffer

Zubereitung:

Die Eier in einer Pfanne aufschlagen und ganz langsam in etwas Öl anbraten und salzen. Wichtig dabei: Längeres Garen bei kleiner Flamme ergibt ein spiegelglattes Ei ohne Blasen und Wellen. Die Eier mit einer dünnen Spachtel vorsichtig aus der Pfanne nehmen und auf Teller anrichten. Den Lachs zu einer Rose formen, klein geschnittene Dille darübergeben.

Gebackenes Ei und Mariazeller Kaviar

Zutaten (für 4 Personen):
4 Hühnereier
(oder 8 Wachteleier)
50 g Mehl
2 Eier, verquirlt
100 g Semmelbrösel
250 g Mariazeller Lachskaviar
400 g Erdäpfelpüree

Zubereitung:

Eier ca. 4–5 Minuten wachsweich kochen, abschrecken und schälen. Erkaltete Eier panieren: Zuerst in Mehl, dann in den verquirlten Eiern und zum Schluss in Semmelbröseln wenden. Panierte Eier in heißem Öl schwimmend (!) von allen Seiten goldbraun kurz ausbacken (frittieren). Mit Schaumkelle herausheben und auf Küchenkrepp abtropfen lassen.

Etwas Erdäpfelpüree auf einem Teller anrichten, das Ei darauf setzen und mit Mariazeller Lachskaviar garnieren.

Omelette mit Morcheln

Zutaten (für 4 Personen):
6 Eier
250 g Morcheln
1 Schalotte
50 g Butter
Petersilie
30 ml Mineralwasser
30 ml Milch
2 EL Öl
Salz, Pfeffer

Zubereitung:

Klein geschnittene Schalotte in Butter anschwitzen. Morcheln halbieren, putzen und in Butter sautieren. Mit Salz und Pfeffer abschmecken, klein gehackte Petersilie dazugeben.

Eier aufschlagen und mit Salz, Pfeffer, Mineralwasser und Milch im Mixer schaumig aufmischen.

Die Hälfte der Eiermasse in eine mit Fett erhitzte Pfanne geben und leicht stocken lassen. Auf die eine Hälfte des Omelettes die Morcheln geben und weiter stocken lassen.

Dann die Ränder vorsichtig lösen und die leere Hälfte des Omelettes auf die gefüllte Hälfte klappen. Vorsichtig wenden und kurz noch einmal von der anderen Seite goldbraun braten.

Vitello und Tatar

Dünn Geschnittenes und klein Gehacktes. Daraus lassen sich neben den Klassikern Beef Tatar und Vitello Tonnato auch noch einige andere Varianten herstellen. Und zwar ganz einfach.

Vitello Tonnato nach Toni M.

Zutaten (für 4 Personen):
3 EL Öl
250 g Kalbsrücken
Salz, Pfeffer aus der Mühle

4 Scheiben Thunfischfilet
Salz
gemahlener Koriander
Saft von 1 Zitrone
2–3 EL Olivenöl
Basilikumstreifen
Kapernbeeren
Paradeiswürfel
Rucola-Salat

Für die Thunfischsauce:
80 g Thunfisch
1 EL Sauerrahm
3 EL Olivenöl
Saft von 1 Zitrone
1 KL Dijon Senf
1 EL Balsamico
Salz, Pfeffer

Zubereitung:

Öl in einer Pfanne erhitzen. Kalbfleisch salzen, pfeffern. Mit Rosmarin und Knoblauch von allen Seiten in der Pfanne auf den Punkt braten. Herausnehmen. Abkühlen lassen.

Thunfisch mit Salz und Koriander würzen. Zitronensaft mit Olivenöl verrühren. Fisch 10 Minuten darin einlegen.

Alle Zutaten für die Thunfischsauce mixen. Würzen. Kalbfleisch in 2 mm dünne Scheiben schneiden. Rucola-Salat mit Paradeiswürfeln marinieren.

Das Kalbfleisch flach auf Teller auflegen. Die Sauce darüber ziehen. Thunfisch mariniert dazu anrichten. Kapernbeeren, Paradeiswürfel und Rucola daraufsetzen.

Vitello Tonnato „modern art“

Zutaten (für 6 Personen):

rosa gebratener Kalbsrücken

Für die Thunfischsauce:
9 Dosen Thunfisch (Premium Qualität)
1 Dose Sardellen
2 Becher Sauerrahm
2 EL Dijon-Senf
2 EL Kapernbeeren
1 EL Cornichons
Meersalz
Pfeffer aus der Mühle
Balsamico
Olivenöl
3 Dotter
Kapernbeeren zum Ausgarnieren

Zubereitung:

Der Rücken wird von Sehnen und Fett befreit, danach gebunden, damit er seine Form nicht verliert, gewürzt und anschließend in einer sehr heißen Pfanne in Olivenöl rasch angebraten. Im Anschluss daran kommt der Rücken für ca. 10 Minuten in ein auf 200 °C vorgeheiztes Backrohr. Danach sollte er an einem warmen Ort einige Zeit rasten.

Für die Thunfischsauce die Zutaten vermengen und pürieren. Anschließend gut durchkühlen lassen.

Kalbfleisch in dünne Scheiben schneiden – Thunfischsauce darübergießen. Damit der Geschmack der Sauce in das Fleisch einzieht, kann man eine Klarsichtfolie über die Fleischstücke geben und das ganze 24 Stunden in den Kühlschrank stellen.

Carpaccio vom Mariazeller Wildsaibling mit Orangen

Das Rezept ist besonders einfach, aber umso wirkungsvoller und stammt von François Laliberté aus dem Köche-Team von Toni Mörwald.

Zutaten (für 4 Personen):
400 g Mariazeller Wildsaibling (beste Qualität)
1 Zitrone
2 Limetten
1 Orange
2 TL Schnittlauch
4 EL Mandelöl
Fleur de Sel
2 schwarze Nüsse

Zubereitung:

Wildsaibling in ganz dünne Scheiben schneiden und flach auf die Teller legen. Zesten von der Zitrone, Limette und Orange reißen (mit einem Zestenreißer).

Dünne Filets von einer Limette, der Orange und Zitrone schneiden.

Saft aus einer Limette pressen, mit Mandelöl vermischen, fein geschnittenen Schnittlauch hinzugeben und über die Saiblingsfilets träufeln. Mit den Nüssen und Fleur de Sel garnieren.

Beef Tatar

Zutaten (für 2 Personen):
200 g Rindsfilet (Lungenbraten)
1 Essiggurke, fein gehackt
1 Schalotte, fein gehackt
1 TL Dijon-Senf
2 TL Ketchup
4 EL Olivenöl
5 Tropfen Tabascosauce
1 Spritzer Worcestershiresauce
1 TL gehackte Petersilie
Salz, Pfeffer
1 Eidotter nach Belieben

Zubereitung:

Das gut zugeputzte Rindsfilet mit einem scharfen Messer ganz fein hacken.

Das Fleisch mit sämtlichen Zutaten am besten mit einer Gabel vermengen. Nach Wunsch den rohen Eidotter einrühren. Pikant abschmecken und auf gekühlten Tellern dekorativ anrichten.

Nach Belieben mit dem Gabelrücken Karo- oder Linienmuster hineindrücken.

Garniturempfehlung: getoastetes oder frisches, knuspriges Weißbrot mit Butter

Tipp für besonders Eilige:

Rindslungenbraten möglichst unmittelbar vor der Zubereitung durch den Fleischwolf drehen oder gleich vom Fleischer faschieren lassen. Diese Variante entspricht zwar nicht dem Originalrezept, geht aber um einiges schneller.

Avocado-Tatar

Zutaten (für 4 Personen):
3 reife Avocados
5 EL Zitronensaft
2 EL Olivenöl
Schnittlauch
Salz, Pfeffer

Zubereitung:

Schnittlauch fein schneiden, die Avocados halbieren, den Stein herauslösen und das Avocadofleisch in Würfel schneiden. Zitronensaft und das Olivenöl vermischen, Schnittlauch klein schneiden und dazugeben. Mit Salz und Pfeffer abschmecken.

Öl und Essig

Öl und Essig ist wahrscheinlich eine der wenigen Ehen, die wirklich hält. Vorausetzung aber ist, dass Sie nur Top-Produkte verwenden. Und die gibt es mittlerweile reichlich.

Saure Wurst mit Zwiebel und Apfelessig

Dieses Gericht ist ein in Vergessenheit geratener Klassiker und kommt wegen der simplen Zubereitungsweise praktisch kaum noch in einem Kochbuch vor. Dieser bedauerlichen Entwicklung wollen wir hiermit entgegenwirken.

Zutaten (für 4 Personen):
300 g Extrawurst oder Kalbspariser (in dünne Scheiben geschnitten)
1 weiße Zwiebel
2 EL Apfelessig
3 EL Sonnenblumenöl
Schnittlauch
Salz, Pfeffer

Zubereitung:

Die dünnen Wurstblätter auf Teller anrichten. Die Zwiebel in Ringe schneiden und auf die Wurstblätter verteilen. Für die Marinade Sonnenblumenöl und Apfelessig vermischen und mit Salz und Pfeffer abschmecken. Die Marinade über die Wurst mit den Zwiebelringen träufeln und fein geschnittenen Schnittlauch darüberstreuen.

Salat vom Spargel mit Rucola, Ribiselessig und Mohnöl

Zutaten (für 4 Personen):
8 Stangen weißer Spargel
400 g frischer Rucola-Salat
2EL schwarzer Ribiselessig
4 EL Waldviertler Mohnöl
2 EL Butter
250 g Mineralwasser
1 Prise Backpulver
1 EL Kristallzucker
1 altbackene Semmel
Salz, Pfeffer
Kapuzinerblüte zum Garnieren

Zubereitung:

Spargel in Mineralwasser mit Backpulver, Kristallzucker und der Semmel kochen.

Rucola mundgerecht schneiden, waschen, abtropfen lassen, salzen, pfeffern und mit Ribisel-essig und Mohnöl vermischen und durchmarinieren.

Gekochten Spargel in 2 cm große Stücke schneiden, auf den Salat legen und mit Kapuzinerblüte garnieren.

Klassischer Wurstsalat mit Käse und Erbsen

Zutaten (für 4 Personen):
300 g Extrawurst
200 g Emmentaler
200 g Erbsen
4 EL Sonnenblumenöl
2 EL Weinessig
1 EL Zucker
Salz, Pfeffer

Zubereitung

Wurst und Käse in 3 mm dünne Scheiben schneiden. Erbsen in Salzwasser kurz abkochen.

Für die Marinade Sonnenblumenöl, Essig und Zucker verrühren und mit der Wurst, dem Käse und den Erbsen vermischen. Salzen, Pfeffern.

Variante: Man kann diesen Salat natürlich auch mit einer selbstgemachten Mayonnaise statt mit Öl und Essig anrichten (siehe Kapitel *Saucen*).

Liebessalat mit Paradeisern, Himbeeren, schwarzer Nuss, Nussöl und Himbeeressig

Zutaten (für 4 Personen):
1 grüner Salat
4 fleischige Paradeiser
100 g frische Himbeeren
100 g eingelegte schwarze Nüsse
4 EL Walnussöl
2 EL Himbeeressig
Salz, Pfeffer
Schnittlauch

Zubereitung:

Grünen Salat zerteilen, waschen und trocknen. Die Paradeiser in kochendem Wasser kurz überbrühen und die Haut abziehen (nicht abschrecken). Die Paradeiser in große Würfel, die Nüsse in kleine Scheiben schneiden.

Für die Marinade Essig, Öl und Salz vermischen und damit den Salat marinieren. Auf den Salat die Paradeiser, die Nüsse und die Himbeeren platzieren.

Der Essig-Künstler

Erwin Gegenbauer ist Österreichs kreativster Essigmacher – und er zählt auch international inzwischen zu den besten im „sauren" Milieu.

Einen Essig zum Trinken? Als Aperitif oder so zwischendurch? Klingt nicht sehr animierend. Doch der Essigmacher Erwin Gegenbauer, eine Art André Heller der österreichischen Kulinarik-Szene, hat tatsächlich einen Essig im Programm, der sich trinken lässt wie Sherry oder Portwein.

Den „Edelsauren T" gewinnt Gegenbauer aus einer Trockenbeerenauslese der Sorte „Traminer" vom Weingut Tschida in Apetlon und lässt dabei

den Wein mit Essigbakterien auf natürliche Art sauer vergären. Während einer jahrelangen Lagerung in Eichenfässern reift der Edelsaure dann zu einem alkoholfreien Getränk ohne jegliche Zusätze heran und eignet sich tatsächlich als Aperitif oder als Digestif. Mit drei Prozent Säure gilt er offiziell nicht als Essig, weshalb ihn Gegenbauer eben als „Edelsauren" bezeichnet.

Das eigenartige, aber höchst köstliche Getränk ist jedoch nicht die einzige saure Innovation aus der „Wiener Essig-Brauerei". Gegenbauer kreiert laufend neue, ungewöhnliche Essige, die von Gourmets und Haubenköchen inzwischen so verehrt werden wie rare Spitzenburgunder oder alte Bordeaux.

Der Feinschmecker und Hobbykoch macht etwa aus dem Saft sizilianischer Paradeiser einen Paradeiseressig, einen Balsamessig nach dem traditionellen Balsamicoverfahren, einen Melonenessig aus italienischen Melonen, ja sogar Feigen, Himbeeren oder Quitten werden bei ihm zu Essig. Oder er lässt von Studenten der Universität für Bodenkultur Vogelbeeren ernten, die er dann mit Hilfe einer reinsortig gezüchteten Essigbakterienkultur in eine höchst ungewöhnliche Essigdelikatesse verwandelt.

Bier, Gurken, Paprika, Pflaumen, Holunder oder Cabernet Sauvignon – was immer der Sauermann in die Hände bekommt, wird in Essig verwandelt. Gegenbauer ist ein Fanatiker, einer der seinen Kunden nicht einfach Saures gibt, sondern gegen die Verflachung der Geschmackswelt zu Felde zieht. „Die Leute", so erklärt er, „haben verlernt, die ursprünglichen Aromen zu schmecken. Bei mir bekommen sie die Gelegenheit dazu."

Seine Produkte exportiert der findige Jungunternehmer mittlerweile in die ganze Welt, von New York bis Tokio, in der Delikatessen- und Feinkostbranche gilt er inzwischen als einer der innovativsten Essigmacher der Welt – ein „Shooting-Star" des sauren Milieus.

Seine Visitenkarte ist dabei der Wiener Naschmarkt. Dort hat Gegenbauer einen Stand, auf dem er all seine Essigkreationen zum Kauf anbietet und wo sie auch verkostet werden können.

Adresse: Naschmarkt, Standnummer 111–114, 1040 Wien

Gemüsesalat mit Marillen

Zutaten (für 4 Personen):
1 Karotte
1 kleiner Sellerie
1 gelbe Möhre
200 g Erbsen
100 g frische Marillen
2 EL Marillenessig
4 EL Haselnussöl
Salz, weißer Pfeffer

200 g selbstgemachte Mayonnaise
(siehe Kapitel *Saucen*)

Zubereitung:

Das Gemüse in kleine Würfel schneiden und auf den Punkt kochen (nicht zu hart, aber auch nicht verkochen).

Das gekochte Gemüse mit der Mayonnaise verrühren, den Blattsalat mit dem Marillenessig und dem Haselnussöl marinieren. Die Marillen in kleine Stücke schneiden (Kern entfernen) und auf das Gemüse mit dem Salat geben.

Salate und Früchte

Wer sagt, dass ein guter Salat nicht auch ein paar frische Früchte vertragen kann. Der Phantasie sind kaum Grenzen gesetzt. Erlaubt ist, was schmeckt.

Pfirsichsalat mit grünen Bohnen in Pfirsich-Veltlinersud und Hanföl

Zutaten (für 4 Personen):
4 vollreife Pfirsiche
400 g grüne Bohnen
4 EL Hanföl
2 EL Pfirsichessig
Salz, Pfeffer

Zubereitung

Die Pfirsiche in 2 mm dünne Scheiben schneiden (am besten mit einer Aufschnittmaschine; oder mit dem Messer in entsprechend dickere Spalten).

Bohnen in Salzwasser bissfest kochen. Auf die Pfirsichscheiben die Bohnen legen und die Marinade aus Hanföl und Pfirsichessig darüberträufeln.

Garnitur: Bohnenkraut, Kerbel und eventuell cross gebratener Speck.

Eichlaubsalat mit Williamsbirne und geraspelter Haselnuss

Zutaten (für 4 Personen):
2 Häuptel Eichlaubsalat
4 kleine, reife Williamsbirnen (nicht zu hart)
80 g Haselnüsse
40 g Pistazienöl
20 g Gurkenessig
4 Orangen
16 Schlehen

Zubereitung:

Eichlaubsalat in mundgerechte Stücke schneiden, waschen und trocknen. Die Williamsbirnen schälen und weich kochen. Eine Marinade aus Pistazienöl und Gurkenessig herstellen, salzen und pfeffern und auf die Teller auftragen. Die Orangen schälen und filetieren. Die Filets auf die Marinade legen, den Salat und die Schlehen dazugeben und mit den Haselnüssen garnieren.

Löwenzahnsalat
mit Roquefort-Dressing und Nüssen

Zutaten (für 6 Personen):
400 g Brunnenkresse
400 g Löwenzahnsalat
400 g Roquefort
Weinessig
Zitronensaft
Öl, Salz & Pfeffer aus der Mühle
Nüsse zur Dekoration

Zubereitung:

Den Roquefort, Weinessig und Zitronensaft vermengen und mit Salz und weißem Pfeffer aus der Mühle abschmecken.

Den frisch geputzten und gewaschenen Salat anrichten und mit dem Roquefort-Dressing marinieren sowie mit den Nüssen dekorieren.

Kapuzinerblüten und Zucchiniblüten auf Salatbeet

Zutaten (für 4 Personen):
8 kleine Zucchini mit Blüten
12 Kapuzinerblüten
verschiedene Schnittsalate (grüner Salat, Eichlaub, Friseé, Rucola, Vogerlsalat, Löwenzahn)
50 g Butter
4 EL Walnussöl
2 EL Essig Sauvignon blanc (oder ein anderer Weißweinessig)
etwas Vanillezucker

Für die Hühnerfarce:
50 g Hühnerbrustfleisch
100 g Obers
Salz, Pfeffer

Zubereitung:

Die Salate waschen, trocknen und mit Öl, Essig, einer Prise Vanillezucker sowie Salz und Pfeffer marinieren. Auf die Teller auftragen.

Für die Hühnerfarce das Hühnerbrustfleisch mit Obers im Mixer pürieren und mit Salz und Pfeffer abschmecken. Die Kapuziner- und Zucchiniblüten damit füllen, in einer Pfanne in Butter ganz leicht anbraten und für rund sechs Minuten ins vorgeheizte Backrohr schieben (190 °C).

Die Blüten auf die Teller zum Salat geben.

Morchel und Spargel

Aus hedonistischer Sicht ist diese Kombination kaum zu übertreffen. Und kochtechnisch sind die Gerichte ziemlich einfach – ihre Wirkung aber meist verblüffend.

Morchelgangerl

Zutaten (für 4 Personen):
300 g frische Morcheln
250 g Erdäpfel, mehlig
⅛ l Obers
1 Lorbeerblatt
2 EL Butter
6 Eier
Salz
Muskatnuss
weißer Pfeffer

3 EL alter Weinbrand
3 EL Butter
⅛ l Obers
Salz & weißer Pfeffer aus der Mühle

Zubereitung:

Die Erdäpfel schälen und in Salzwasser mit Lorbeerblatt zustellen und langsam kochen.

Die Morcheln putzen und in Wasser gut durchwaschen, halbieren und abtropfen lassen.

Das Obers mit Butter erhitzen, gekochte Erdäpfel abseihen und mit Erdäpfelpresse in das mit Butter aufgekochte Obers pressen sowie mit Salz, Muskatnuss und weißem Pfeffer aus der Mühle abschmecken. Die vorbereiteten Morcheln in einer geräumigen Pfanne in Butter rasch anschwitzen und mit altem Weinbrand ablöschen, mit Obers leicht einkochen, mit Salz und weißem Pfeffer würzen. Die Erdäpfelmasse (Püree) in einen Spritzsack füllen und am heißen Teller aufdressieren (siehe Abbildung).

Eier vom Eiweiß trennen, die Dotter auf das heiße Püree setzen und die Morcheln rund um das Püree anrichten.

Spargelspitzen mit Hollandaise und Morcheln

Zutaten (für 6 Personen):
200 g Spargelspitzen
Gemüsefond
1 l Wasser
1 Schuss Weisswein
1 kleines Stück Butter
Salz
Zucker
Zitronensaft

Für die Morcheln:
200 g Morcheln
50 g Butter
200g Gemüsefond
Zitronensaft
2 EL intensiv-fruchtiges Olivenöl

Zubereitung:

Die Spargelspitzen im Fond (siehe Kapitel *Fond und Jus*) bissfest garen lassen.

Morcheln in kleine Würfel schneiden. Mit Butter anschwitzen. Mit Gemüsebrühe und etwas Zitronensaft ablöschen, das intensive Olivenöl zufügen. Bei hoher Temperatur stark aufkochen und reduzieren.

Spargelspitzen und Morcheln auf einem Teller anrichten und die Hollandaise (siehe Kapitel *Saucen*) darübergießen.

Spargel und Morcheln auf Tagliolini

Zutaten (für 4 Personen):
6 Solospargel
200 g frische Morcheln
3 EL Butter
½ l Mineralwasser
Salz
1½ TL Kristallzucker
1 Limette
Backpulver (eine Messerspitze)
150 g Blattspinat
Safran
300 g feine Nudeln (am besten Tagliolini)

Zubereitung:

Weißen Spargel schälen und in ca. 4–5 mm dicke Scheiben schneiden. Die Spargelscheiben in Butter, Salz und Zucker, etwas Mineralwasser, etwas Backpulver und einer Scheibe Limetten zart kochen. Geputzte Morcheln in kleine Scheiben schneiden und zum Spargel geben und noch weiter garen. Dann den Blattspinat hinzugeben, damit ist das Spargel-Morchel-Spinat-Sugo fertig. Nudeln im Salzwasser bissfest kochen und abseihen. Einige Safran-Fäden auf ein Backpapier geben und an den Rand des Herdes legen, damit sich der Safran etwas erwärmt. Auf die heißen Nudeln das Backpapier mit dem Safran und etwas Olivenöl legen und verreiben, sodass der Safran-Geschmack in die Nudeln richtig einziehen kann. Dann mit Butter durchschwenken. Das Spargelsugo auf einen Teller geben, die Nudeln darauflegen und etwas Parmesan darüberhobeln.

Gebratene Spargel und gefüllte Morcheln mit Geflügelfarce

Zutaten (für 4 Personen):
24 Stück Morcheln
12 Spargelspitzen
3 EL Butter
1 Jungzwiebel
150 g feiner Rindslungenbraten
1 EL Olivenöl
Pfeffer
Salz

Für die Fülle:
150 g Brustfleisch von einer Hühnerbrust oder zwei Rebhuhnbrüsten
1 Eiweiß
150 g Obers
Salz
weißer Pfeffer
Muskatnuss
Lavendel
frischer Kerbel

Zubereitung der Farce:

In einen gut gekühlten Fleischwolf die feine Scheibe einsetzen. Brustfleisch faschieren. In die Menge ein Eiweiß mit einem Schneebesen gut verrühren (legen Sie Rührschüssel auf Eiswürfel, damit die Farce gut gekühlt bleibt). Das Obers einrühren, mit Salz, Pfeffer und Muskatnuss abschmecken. Wer will, kann auch noch fein gehackte Kräuter dazugeben, etwa Liebstöckel oder Kerbel.

Zubereitung:

Spargelspitzen jeweils in zwei Hälften schneiden und in Butter braten. Die gut geputzten Morcheln mit der Farce füllen – dazu nimmt man am besten einen Dressiersack. Die Morcheln zu den Spargelspitzen geben und langsam und vorsichtig mitbraten. Die Morcheln und der Spargel geben ein bisschen Wasser ab, dadurch wird die Butter nicht braun. Etwas Backpulver und Lavendel dazugeben. Der Lavendel geht dabei wunderbar auf, der Duft geht in den Spargel über. Deckel über die Pfanne geben und das Ganze noch langsam schmoren, bis die Morcheln gar sind.

Die Spargelspitzen auf einen Teller geben, die Morcheln rundherum anrichten und oben drauf noch kleine Stücke eines rohen und dünn geschnittenen Rinderfilets legen sowie etwas Fleur de Sel, Olivenöl und schwarzen Pfeffer darübergeben.

Grüner Spargel mit Sauce béarnaise & zart gegarten Morcheln im Ganzen

Zutaten (für 4 Personen):
8 Stück grüner Spargel
500 g frische Morcheln
1 Schalotte
150 g Butter
¼ l Brühe (am besten Hühnersuppe)
Salz, Pfeffer aus der Mühle

Zubereitung:

Den grünen Spargel schälen und bissfest kochen. Den Spargel in 5 cm große Stücke schneiden und aus diesen ca. 2 mm dicke Streifen schneiden. Auf einem Küchenpapier gut abtropfen lassen.

Das Stielende der Morcheln putzen und waschen.

Gewürfelte Schalotte in 50 g Butter glasig dünsten. Morcheln zufügen und mitdünsten. Brühe zugießen, mit Salz und Pfeffer würzen. Die Pilze einmal aufkochen und etwa 2 Minuten ziehen lassen.

Spargel und Morcheln auf einem Teller anrichten und Sauce béarnaise (siehe Kapitel *Saucen*) dazugeben.

Schnecken und Knoblauch

Schnecken ohne Knoblauch sind wie Autos ohne Reifen. Die genüsslichen Kriecher gibt es mittlerweile auch in Österreich bei guten Züchtern zu kaufen. Und Knoblauch gehört immer dazu.

½ Dutzend Weinbergschnecken in Knoblauchbutter

Zutaten (für 4 Personen):
24 Weinbergschnecken
3 Knoblauchzehen
150 g Butter
Salz, Pfeffer
4 EL Schnittlauch
2 EL Petersilie
4 EL Weißbrotbrösel

Zubereitung:

Butter auf Zimmertemperatur erwärmen. Knoblauch, Schnittlauch und Petersilie fein hacken und mit der Butter vermischen. Die Schnecken in eine Schneckenpfanne (mit Ausbuchtungen für die Schnecken) legen und die Butter kalt darüberstreichen, sodass die Ausbuchtungen in der Pfanne bis zum Rand gefüllt sind. Brösel darübergeben und im Kühlschrank kalt stellen. Danach 8–10 Minuten bei ca. 200 °C im Backrohr überbacken.

Dazu Weißbrot servieren.

Tisch: 104
Kellner: Dominik
Zubereitungsort:
1 WEINBERGSCHNECKEN
Zeit: 5:02pm
Kueche
0.00
#269722

Ausgelöste Schnecken sautiert auf heißem Knoblauch-Erdäpfelpüree

Zutaten (für 4 Personen):
24 Weinbergschnecken
2 Schalotten
1 EL Schnittlauch
1 EL Petersilie
Salz, Pfeffer

Für das Knoblauch-Erdäpfelpüree:
400 g Erdäpfel
12 Knoblauchzehen
⅛ l Milch
50 g Butter
50 g Obers
Salz, Pfeffer

Zubereitung:

Knoblauch-Erdäpfelpüree:

Erdäpfel kochen und passieren, dann mit Milch, Obers und Butter vermischen.

Knoblauch schälen und dreimal aufkochen (man gibt die Knoblauchzehen in das kalte Wasser, kocht sie kurz auf, schüttet das Wasser weg, gibt sie wieder ins kalte Wasser zum Aufkochen und praktiziert das Ganze dreimal). Dadurch verliert der Knoblauch seinen intensiven Geschmack.

Den gekochten Knoblauch ebenfalls passieren und unter das Püree mischen.

Schnecken und klein geschnittene Schalotten in einer Pfanne mit Butter anschwitzen und rund 5–8 Minuten bei kleiner Hitze ziehen lassen. Aufpassen, dass es dabei nicht zu heiß und die Butter nicht braun wird. Gehackte Kräuter dazugeben und mit Salz und Pfeffer abschmecken.

Schnecken und Püree anrichten.

Ragout von der Schnecke mit Morcheln, Blattspinat und Senfsauce

Zutaten (für 4 Personen):
24 Weinbergschnecken
200 g Morcheln
2 Schalotten
100 ml Trockenbeerenauslese
400 ml Kalbsjus
Salz, Pfeffer

Für die Senfsauce:
1 Schalotte
100 ml Weißwein
250 ml Kalbsfond
50 g Butter
2 EL grobkörniger Pommery-Senf
Salz, Pfeffer

Für den Blattspinat:
600 g Blattspinat
20 g Butter
1 Knoblauchzehe
Salz, Pfeffer
Muskatnuss

Zubereitung:

Senfsauce:

Schalotten in Butter anschwitzen, mit Weißwein ablöschen und reduzieren. Kalbsfond (siehe Kapitel *Fond und Jus*) dazugeben und auf kleiner Flamme rund 30 Minuten köcheln lassen. Anschließend mit Senf und Butter montieren.

Blattspinat:

In einem Topf Butter schmelzen und braun (nussfarbig) werden lassen. Spinat dazugeben. Die Knoblauchzehe auf eine Gabel spießen und damit im Topf so lange umrühren, bis der Spinat gar ist (das Umrühren mit der Knoblauchzehe auf der Gabel ergibt den richtigen Geschmack). Mit Pfeffer, Salz und Muskatnuss abschmecken.

Schalotten und halbierte Morcheln in Butter anschwitzen, mit Weißwein ablöschen und 5 Minuten auf kleiner Flamme köcheln lassen. Schnecken und Kalbsjus dazugeben und 15 Minuten bei kleiner Hitze schmoren lassen. Mit Salz und Pfeffer abschmecken.

Zum Schluss Schneckenragout mit Blattspinat anrichten und mit Senfsauce servieren.

Im Schneckenland

Schnecken, bei uns einst besonders begehrt, dann völlig vom Speiseplan verschwunden, feiern eine Renaissance.

Wer das „Schneckenland" etwas außerhalb von Bad Erlach, südlich von Wiener Neustadt besucht, der sieht zunächst nur ein ganz normales Haus. Und rings herum Felder. Eines davon ist umzäunt mit einem kleinen, nicht einmal einen Meter hohen Metallzaun. „Da drinnen liegen sie", sagt Marc Hochstätter, einer der drei Besitzer der Schneckenzucht „Schneckenland", „es sind ungefähr 200.000."

Man sieht sie zunächst gar nicht. Denn die Biester haben sich verkrochen. Es ist ihnen gerade zu heiß, nur wenn es regnet, kommen sie aus ihren Verstecken heraus. Außerdem sind sie nachtaktiv und halten tagsüber ein längeres Schläfchen.

Es sind Weinbergschnecken zweier Gattungen (helix pomatia und helix aspersa), die hier auf einem Hektar Grund unter freiem Himmel gezüchtet werden. Drei Schneckenfreaks gehen hier einem Nebenberuf nach: der Landwirt Reinhard Piribauer, der Betriebswirt Marc Hochstätter und der Mathematiker Martin Hahn.

Was vor allem in Frankreich seit jeher zur kulinarischen Tradition gehört, war tatsächlich auch in Wien vor langer Zeit besonders begehrt. Zunächst als Arme-Leute-Essen verpönt, kam die Weinbergschnecke im 19. Jahrhundert in der besseren Gesellschaft wegen ihrer aphrodisierenden Wirkung wieder in Mode. Wegen der großen Nachfrage entstand in Wien hinter der Peterskirche sogar ein eigener Schneckenmarkt, Wien galt damals als Hochburg für Schneckenliebhaber.

Da es sich bei den langsamen Schleimern weder um Fisch noch Fleisch handelt, galten Schnecken auch unter Mönchen als delikate Fastenspeise. „Durch ihren hohen Omega-3-Fettgehalt sind sie überdies sehr nahrhaft und gesund", meint Schneckenzüchter Hochstätter. Deshalb gab es früher das Sprichwort: „Hast kan Speck, nimm an Schneck."

Was nur wenige wissen: Es gibt auch einen Schneckenkaviar, kleine weißliche Kügelchen mit einem eigenen Geschmack.

Adresse: Schneckenland, 2822 Bad Erlach,
Aspanger Straße 57; Tel.: 0699 /1400 27 97;
www.schneckenland.at

Besichtigungen und Ab-Hof-Verkauf nach telefonischer Vereinbarung. Die Schnecken können lebend, aber auch in Gläsern schon zum Kochen vorbereitet gekauft werden.

Knoblauchcremesuppe mit Kalbszungenstreifen

Zutaten (für 4 Personen):
30 g Zwiebeln, fein gehackt
20 g Butter
½ EL Vollkornmehl
300 g Gemüsefond/Rindssuppe
3 Knoblauchzehen, zerdrückt
60 ml Obers
Salz, Pfeffer
1 EL Obers

1 Kalbszünglein
¼ kg Suppengemüse zum Kochen

Zubereitung:

Die Zwiebeln mit dem Knoblauch in der Butter anschwitzen. Vollkornmehl zugeben und kurz mit anschwitzen. Mit Gemüsefond (siehe Kapitel *Fond und Jus*) aufgießen und aufkochen lassen. Obers zugeben und noch einige Minuten kochen lassen.

Mit Salz und Pfeffer würzen und mit dem Stabmixer pürieren. Durch ein feines Sieb passieren und vor dem Anrichten mit dem Obers aufmixen.

Zünglein in Salzwasser mit Suppengemüse kochen, bis es an der Spitze weich ist. Die Kalbszünglein schälen, in Klarsichtfolie einhüllen und auskühlen lassen.

Suppe mit Kalbszünglein anrichten.

Schnecken-Toast

Zutaten (für 4 Personen):
8 Scheiben Tramezzinibrot
36 Weinbergschnecken
480 g Rinderfiletscheiben, etwa 1 cm dick
1 Paradeiser
1 Schalotte
Blattsalat
Olivenöl
Butter

Für die Cocktailsauce:
3 Eidotter
2 EL Essig
1 EL Zitronensaft
50 cl Öl (neutral)
8 cl Obers
2 cl Cognac
4 EL Paradeiserketchup
Chilisauce
Worcestershiresauce
Salz, weißer Pfeffer

Zubereitung:

Cocktailsauce:

Die Eidotter mit Salz, Pfeffer, Essig und Zitronensaft verrühren. Unter ständigem Schlagen das Öl nach und nach dazugeben. Die so entstandene Mayonnaise mit dem halbfest geschlagenen Obers, dem Cognac und dem Ketchup vermischen. Mit Salz Chilisauce und Worcestershiresauce abschmecken.

In einer Pfanne das Fleisch kurz anbraten und auf einem Teller rasten lassen. Schnecken und klein geschnittene Schalotten anschwitzen.

Die Tramezzinibrotscheiben in der Mitte durchschneiden (ergibt eine Dreiecksform) und mit Cocktailsauce bestreichen. Die Paradeiser in Scheiben schneiden und auf vier Brotscheiben legen. Auf die anderen Scheiben Steaks, Blattsalat und Schnecken geben. Die beiden Hälften der vier Brote zusammenklappen und servieren.

(Auf unserem Foto haben wir die Schnecken nur aus dekorativen Gründen oben draufgesetzt).

Lachs und Kaviar

Von wegen, es gibt keinen guten Kaviar mehr. Dann haben Sie noch nicht den Stör-Züchter Grüll in Salzburg besucht. Mit seinem Kaviar und gutem Lachs lassen sich grenzgeniale Gerichte herstellen.

Graved Lachs

Graved Lachs, also gebeizter Lachs mit Honig-Senf-Sauce, ist ein Klassiker. Man kann dafür bereits gebeizten Lachs verwenden, besser aber ist es, den Lachs selber zu Hause zu beizen.

Auf den Seiten danach zeigen wir Ihnen noch eine etwas anspruchsvollere Variante mit echtem Kaviar, am besten vom Salzburger Störzüchter Walter Grüll (siehe Seite 140).

Zutaten (für 4 Personen):
Lachsfilets, bereits filetiert oder im Ganzen
250 g Lachs-Kaviar
½ l Milch

Für die Beize:
150 g Kochsalz
30 g Pökelsalz
75 g Kristallzucker
2 Bund Dille
Kerbel & Petersilie
25 g Senfkörner
25 g weiße Pfefferkörner
2 Zitronen & Orangen
25 g Koriander

Für die Sauce:
⅛ l Sauerrahm
1 EL Honig
1 TL Dijon-Senf
Salz und Pfeffer

Zubereitung

Den Lachs filetieren. Die Gräten mit Hilfe einer Pinzette entfernen und das tranige Fett abschneiden. Die Lachsfilets auf der Unterseite im Abstand von ca. 3 cm mit einem dünnen Schnitt 3 mm tief einschneiden.

Für die Lachsbeize Salz und Zucker gut vermengen, die Schalen der Zitronen und Orangen abschneiden und hinzufügen und alles zusammen mit den Gewürzen im Mörser zerstoßen. Als Letztes die frischen Kräuter grob zusammenschneiden und zur Beize geben.

Die Lachsfilets mit der Hautseite unten mit der Beize bedecken, im Dunkeln bei 8–10 °C 24 Stunden durchbeizen lassen. Danach Lachs aus der Beize heben und 2–3 Stunden in Milch legen, herausnehmen, abtrocknen und aufschneiden.

Die Zutaten für die Sauce in einer Schüssel gut verrühren und mit Salz und Pfeffer abschmecken.

Die dünn geschnittenen Lachsstücke mit der Sauce beträufeln und dazu den Lachskaviar geben.

Manchmal muss es einfach Kaviar sein

Der Salzburger Walter Grüll züchtet Störe. Er ist damit einer von nur 12 Fischzüchtern weltweit, die Kaviar produzieren.

Das „Al Pescatore" in Grödig, etwa 20 Kilometer südlich von Salzburg, ist mehr als nur ein gewöhnliches Fischgeschäft. Es gehört Walter Grüll, einem Fischzüchter und Kaviarproduzenten, wovon es weltweit nur 12 gibt, wie bereits erwähnt worden ist. Einer davon ist Grüll. Mit seinem schwarzen Kaviar vom „sibirischen Stör" (*Acipenser baeri*) hat er sich schon vor Jahren unter Feinschmeckern und Spitzenköchen einen

Namen gemacht. Doch sein weißer Kaviar von der Störart „Sterlet" (*Acipenser ruthenus*) ist eine echte Sensation. Weltweit beträgt die Jahresproduktion dieser raren und intensiv schmeckenden Delikatesse nur acht Kilo. Eine homöopathische Menge. Entsprechend ist der Preis. Weißer Kaviar ist das teuerste Lebensmittel der Welt!

Dabei deutet in Grülls Geschäft nichts auf übertriebenen Luxus hin. Zu Mittag sind es meist Leute aus dem Dorf, die hier einkaufen oder schnell einen kleinen Imbiss zu sich nehmen. Dazwischen aber schneien auch immer öfter betuchte Feinschmecker und Gourmets herein, die zum Teil von weither angereist kommen. Grüll erhält inzwischen Anfragen aus der ganzen Welt. Der Grund dafür ist einfach: Russischer und iranischer Kaviar sind offiziell kaum noch zu bekommen. Und wenn, dann zu horrenden Preisen.

Kaviar ist längst zu einem Problemprodukt geworden. Störe, deren Eier als Kaviar bezeichnet werden, gehören zu den ältesten Tierarten der Erde. Die meisten Störe sind „anadrome" Fische, das bedeutet, dass sie im Meer leben, aber zum Laichen ins Süßwasser flussaufwärts wandern. Manche Arten, wie etwa der Beluga-Stör – von ihm stammt der weltweit begehrteste Kaviar –, werden bis 100 Jahre alt und erreichen ein Gewicht von über einer Tonne. Mit bis zu 7 Metern Länge sind sie die größten Fische überhaupt. Sie haben sich im Laufe der Evolution nicht nur perfekt an ihre Umwelt angepasst, sondern Dinosaurier, Kontinentalverschiebungen und Eiszeiten überlebt. Jetzt stehen sie kurz vor dem Aussterben. Die brutale Jagd nach Stören hat die gesamten Bestände dramatisch dezimiert. Allein der Bestand der Belugas ist in den letzten 20 Jahren um 90 Prozent geschrumpft!

„Genau deshalb wollte ich Kaviar produzieren", sagt Walter Grüll, „die Preise sind immer höher geworden und die Qualität immer schlechter." Doch für Züchter wie ihn ist die Kaviarproduktion alles andere als ein schnelles Geschäft. Die wichtigste Vorrausetzung ist Geduld. Grüll hat vor 17 Jahren mit der Störzucht begonnen, erst vor sieben Jahren hat er den Tieren die ersten Eier entnehmen können. „Das waren damals noch geringste Mengen", sagt Grüll, „man muss bedenken, dass ein Störweibchen bis zu 10 Jahre alt werden muss, bis es zum ersten Mal laicht."

Die wirkliche Innovation ist aber die Art, wie Grüll den Kaviar gewinnt. Russische und iranische Produzenten schlachten gewöhnlich die Tiere, um die Eier abzustreifen. Die Kaviar-Mafia geht dabei nicht selten noch brutaler vor und entreißt den Stören die Eier bei lebendigem Leib. Die Fische verenden dabei qualvoll.

Zwar schlachtet auch Grüll einige seiner Tiere („je nach Nachfrage und Menge, die bestellt wird"), um aber den Bestand nicht zu dezimieren, hat er zusammen mit Veterinärmedizinern eine Methode entwickelt, bei der die Eier so entnommen werden können, dass die Fische weder leiden noch geschlachtet werden müssen. Zunächst wird mit einem Ultraschall-Gerät festgestellt, ob das Störweibchen überhaupt laichfähig ist. Wenn ja, wird das Tier mit Nelkenöl betäubt. Manchmal ist ein kleiner Schnitt notwendig, der dann wieder zugenäht wird und relativ rasch verheilt. Grüll: „Inzwischen sind wir schon so weit, dass wir sogar ohne diesen Schnitt die Eier abstreifen können. Man muss nur wissen, wie."

Grüll ist ein Fischfanatiker, der zu seinen Tieren einen intensiven Kontakt pflegt. Deshalb schwimmt in einem seiner Becken auch ein sechs Kilo schwerer Hummer, von dem er sich um nichts in der Welt trennen will: „Den gebe ich nicht mehr her", - sagt er lächelnd, während er das monströse Krustentier zärtlich am Kopf grault, „andere haben einen Hund als Haustier. Ich hab eben einen Hummer."

Hausgebeizter Lachs mit Stör-Kaviar & Blinis

Unübertrefflich ist dieses Gericht mit weißem Kaviar vom Albino-Stör des Salzburger Störzüchters Walter Grüll (Bild unten). Sollte Ihnen jedoch der weiße Kaviar zu kostspielig sein, denn immerhin ist es das teuerste Lebensmittel der Welt, oder sollte Walter Grüll gerade keinen vorrätig haben, dann nehmen Sie eine andere gute Qualität aus seinem Sortiment. Er berät Sie gerne und hat tolle Kaviarsorten auch zu leistbaren Preisen.

Zutaten (für 4 Personen):

frischer Stör-Kaviar von Walter Grüll (am besten einen weißen oder einen anderen)
2 Wildlachsfilets oder ein Lachs im Ganzen (ca. 3–4 kg)
½ l Milch

Für die Beize:
150 g Kochsalz
30 g Pökelsalz
75 g Kristallzucker
2 Bund Dille
Kerbel & Petersilie
25 g Senfkörner
25 g weiße Pfefferkörner
2 Stück Zitronen & Orangen
25 g Koriander

Für die Blinis:
1 großer, gekochter Erdapfel
50 g Butter
2 Eier
Salz, Pfeffer, Muskatnuss
Olivenöl zum Braten

Zubereitung:

Den Lachs filetieren. Die Gräten mit Hilfe einer Pinzette entfernen und das tranige Fett abschneiden. Die Lachsfilets auf der Unterseite im Abstand von ca. 3 cm mit einem dünnen Schnitt 3 mm tief einschneiden.

Für die Lachsbeize Salz und Zucker gut vermengen, die Schalen der Zitronen und Orangen abschneiden und hinzufügen und alles zusammen mit den Gewürzen im Mörser zerstoßen. Als Letztes die frischen Kräuter grob zusammenschneiden und zur Beize geben.

Die Lachsfilets mit der Hautseite unten mit der Beize bedecken, bei 8–10 °C im Dunkeln 24 Stunden durchbeizen lassen. Danach Lachs aus der Beize heben und 2–3 Stunden in Milch legen, herausnehmen, abtrocknen und aufschneiden.

Für die Blinis den Erdapfel in der Schale 40 Minuten kochen. Schälen und ca. 5 minuten im auf 70 °C vorgeheizten Rohr ausdämpfen lassen.

Den Erdapfel pressen und die Butter hinzufügen. So lange rühren, bis die Butter sich untergemischt hat. Mit Salz, Pfeffer und Muskatnuss abschmecken. Die Eier trennen, das Eiweiß zu Schnee aufschlagen und die Dotter unter die Erdäpfelmasse rühren. Den fertig geschlagenen Schnee unterheben und aus der Masse Taler formen. Diese in Olivenöl beidseitig gleichmäßig braun braten.

Lachsfilets mit Blinis anrichten und den weißen Kaviar (oder einen anderen) dazugeben – wie viel davon, hängt natürlich vom finanziellen Einsatz ab. Diese Kombination ist jedenfalls göttlich.

Roh marinierter Lachs
mit Beluga- & Malossol-Kaviar und Ei

Zutaten (für 4 Personen):

Für die Marinade:
1 Schalotte
5 EL Olivenöl
2 EL Weißweinessig
Saft einer Limette
Zucker, Pfeffer, Salz,
gemahlener Koriander
1 EL gehacktes Koriandergrün

400 g sehr frisches Lachsfilet
(ohne Haut)

Beluga- & Malossol-Kaviar

Für das pochierte Ei:
3 EL Weißweinessig
4 Eier
2 Eidotter

Für die Spiegeleier:
4 Wachteleier
Salz, Fett zum Braten

Zubereitung:

Die Schalotte schälen, in feine Würfel schneiden und in Olivenöl glasig dünsten. Vom Herd nehmen.

Olivenöl, Weißweinessig und Limettensaft daruntermischen. Die Marinade mit Zucker, Salz, Pfeffer und Koriander abschmecken und abkühlen lassen. Anschließend Koriandergrün daruntermischen.

Das Lachsfilet quer in hauchdünne Scheiben schneiden. Diese zwischen zwei Lagen Frischhaltefolie etwas flach klopfen und in eine flache Schale legen. Die Marinade darübergießen und den Lachs bei Zimmertemperatur zugedeckt ca. 10 Minuten durchziehen lassen.

Für die pochierten Eier ca. einen Liter Wasser aufkochen, Essig dazugeben und die Hitze reduzieren.

Die Eier nacheinander in einem Schöpflöffel aufschlagen, vorsichtig vom Löffel in das nur leicht köchelnde Wasser gleiten lassen und 4–5 Minuten garen (die Eier dürfen sich beim Garen nicht berühren). Die Eier herausnehmen, kurz auf Küchenkrepp abtropfen lassen und die unschönen Eiweißfäden am Rand abschneiden.

Kurz vor dem Servieren die Spiegeleier von der Wachtel braten.

Lachs-Sandwiches mit dreierlei Kaviar

Zutaten (für 4 Personen):
4 Scheiben Tramezzinibrot
250 g Graved Lachs
300 g roher Lachs
1 Schalotte
2 EL Kräuter (Kerbel, Estragon, Schnittlauch, Petersilie)
Salz, Pfeffer
2 EL Dijon-Senf
200 g Sauerrahm
1 EL Honig
1 EL Zitronensaft
2 EL Olivenöl
Dill und Kerbel zum Garnieren

3 verschiedene Arten von Kaviar (entweder Saiblings-Kaviar, Forellen-Kaviar und Stör-Kaviar oder, wenn Sie mehr Geld ausgeben wollen, drei verschiedene Sorten vom Stör)

Zubereitung:

Tramezzinibrote toasten. Für die Marinade Senf, Sauerrahm und Honig vermischen und auf zwei Brote auftragen. Den Graved Lachs in dünne Scheiben schneiden und auf die Brote legen.

Auf die zwei restlichen Brote ebenfalls die Marinade auftragen, diese Brote auf die ersten beiden darauflegen. Die Brote in der Mitte durchschneiden, den rohen Lachs zu einem Tatar klein hacken und mit Olivenöl und Zitronensaft vermischen. Das Tatar ganz oben auf die Brote legen und darauf noch die verschiedenen Kaviarsorten platzieren (auf jedes Brot eine andere Sorte).

Filetstück vom Hochseelachs
mit Gemüse-Perlen und Sevruga-Kaviar

Zutaten (für 6 Personen):
3 Filetstücke vom Hochsee-lachs à ca. 300 g
Sevruga-Kaviar (je nach Vorrat)
1 Zitrone
Salz, weißer Pfeffer aus der Mühle
Olivenöl und Butter zum Braten

Für die Gemüse-Perlen:
2 Karotten
2 Gelbe Rüben
½ Stück Sellerie
1 kleine Zucchini
1 Stück Kohlrabi
Salzwasser zum Kochen
3–4 nussgroße Stück Butter
Salz, weißer Pfeffer aus der Mühle
etwas Muskatnuss, gemahlen

Zubereitung:

Die Filetstücke vom Hochseelachs mit Salz, weißem Pfeffer aus der Mühle und Zitronensaft würzen und in der erhitzen Pfanne mit Olivenöl auf der Hautseite braten. Zum Schluss mit Butterstücken napieren. Eventuell kurz vor dem Anrichten wenden.

Für die Gemüseperlen das Wurzelgemüse schälen, mit einem Parisienne-Ausstecher (5 mm Durchmesser) aus dem Wurzelgemüse schöne runde Perlen ausstechen (die Abschnitte für ein Gemüsepüree zur Weiterverarbeitung aufheben).

Alle Gemüseperlen bis auf die Zucchiniperlen in kochendem Salzwasser garen.

In einer Pfanne Butter zerlassen, Gemüseperlen in die Butter geben, jetzt die Zucchiniperlen beifügen und mit etwas Gemüsewasser emulgieren lassen. Mit Salz, weißem Pfeffer und Muskatnuss gut abschmecken.

Lachsstücke mit Gemüseperlen anrichten und idealerweise einen Esslöffel Sevruga-Kaviar dazugeben.

Bachsaibling und Forelle

Eine gute Forelle oder ein Mariazeller Bachsaibling braucht keine kochtechnischen Verrenkungen. Das Motto lautet: So pur wie nur möglich – dann ist auch der Genuss garantiert.

Mariazeller Wildsaibling
im Ganzen vom Grill

Zutaten (für 6 Personen):
3 Mariazeller Wildsaiblinge im Ganzen
1 Zitrone
1 Limette
Rosmarin
Salz, Pfeffer aus der Mühle

Zubereitung:

Die Wildsaiblinge auf ein Blech legen und mit Salz und Pfeffer sowie Rosmarin würzen. Zesten von Limette und Zitrone darüber reißen und darauflegen, mit Olivenöl marinieren und kühl stellen. Beim Grillen mit Zitronensaft säuern.

Lachsforelle im Ganzen mit Blattspinat & Paradeisern

Zutaten (für 6 Personen):
1 Lachsforelle
Salz, Pfeffer
Zitronensaft
Mehl zum Melieren
Olivenöl und Butter zum Braten

Für Blattspinat & Paradeiser:
500 g Blattspinat
1 kleine Zwiebel
1 Knoblauchzehe
3–4 Butterflocken
Salz, Pfeffer, Muskat
⅛ l Suppe
4 Paradeiser
Butter
1 EL Obers

Zubereitung:

Die Lachsforelle würzen und melieren. In der Pfanne auf beiden Seiten braten. Je nach Größe eventuell noch im Rohr fertigbraten. Zum Schluss mit Butter vollenden.

Die Paradeiser blanchieren und häuten, in Viertel schneiden und das Fruchtfleisch herausnehmen. Paradeisviertel in Würfel schneiden.

Die Paradeiswürfel in Butter schwenken und würzen. Vor dem Anrichten einen Esslöffel Obers unterziehen.

Für den Blattspinat gehackte Zwiebel und gepressten Knoblauch glasig anschwitzen.

Den geputzten, gewaschenen Blattspinat kurz mitschwenken, mit Salz, Pfeffer und Muskat würzen und mit Suppe ablöschen.

Saibling im Ganzen
mit Frühlings-Gemüse

Zutaten (für 2 Personen):
2 Saiblinge
Salz
Pfeffer
Zitronensaft
Mehl zum Melieren
Olivenöl und Butter zum Braten

Für das Frühlings-Gemüse:
20 g Erbsen
20 g fein gehackte Schalotten
20 g Karottenwürfel, blanchiert
20 g gelbe Rüben
20 g Zeller blanchiert
20 g Junglauch in feine Ringe geschnitten
20 g grüne Bohnen oder Erbsenschoten
20 g grüner Spargel
Salz, Pfeffer
1 Schuss Weißwein
Olivenöl zum Anschwitzen

Zubereitung:

Die Saiblinge würzen und melieren. In der Pfanne auf beiden Seiten braten. Je nach Größe eventuell noch im Rohr fertigbraten. Zum Schluss mit Butter vollenden.

Für das Gemüse alle Zutaten in Olivenöl gut anschwitzen, mit einem Schuss Weißwein ablöschen, würzen und so lange köcheln lassen, bis die ganze Flüssigkeit verdampft ist.

Forelle im Ganzen mit Petersil-Erdäpfeln

Zutaten (für 4 Personen):
4 Forellen
2 EL Butter
Olivenöl zum Braten
Salz, Pfeffer schwarz
Petersilie, Dille, Kerbel
½ Zitrone

Für die Petersil-Erdäpfel:
12 gekochte Erdäpfel
4 EL gehackte Petersilie
20 g Butter
Salz

Zubereitung:

Die Forelle gut säubern und trockentupfen. Mit Salz, Pfeffer & Zitrone würzen. Die Kräuter zusammenhacken und in den Bauch der Forelle geben.

Butter & Olivenöl in einer Pfanne erhitzen.

Die Forelle einlegen, auf beiden Seiten goldbraun braten und ca. 10 Minuten bei 165 °C in den Ofen geben.

Etwas kalte Butter darübergeben.

Für die Petersil-Erdäpfel die Erdäpfel in Salzwasser kochen, in brauner Butter mit Salz und Petersilie schwenken.

Den Fisch aus der Pfanne nehmen und mit Petersil-Erdäpfeln und Zitrone anrichten.

Medaillons vom Wildsaibling im Wildkräuterbad und Waldviertler Nudeln

Zutaten (für 4–6 Personen):
6 Medaillons vom Wildsaibling à 50 g
300 g Waldviertler Nudeln
Salzwasser zum Kochen

Für das Wildkräuterbad:
½ l Traubenkernöl
grobes Salz
gemischte Wildkräuter wie Thymian, Kerbel, Kamille, Brennnessel, Lavendel, Salbei, Rosmarin, Basilikum, Malvenblüten

Für die Safransauce:
¼ l Fischfond
¼ l Obers
4–5 Safranfäden
Saft einer Limette
Abrieb einer Limette
1 TL Kristallzucker
1 gute Prise Salz
1 Schuss Wermut oder Pernod nach Geschmack

Zubereitung:

Für das Wildkräuterbad Traubenkernöl mit dem Salz und den Wildkräutern sowie den Malvenblüten bei 100 °C im Rohr warm stellen.

Darin die Medaillons vom Wildsaibling für 6–7 Minuten (je nach Stärke) einlegen.

¼ Liter Fischfond (siehe Kapitel *Fond und Jus*) mit einigen Safranfäden und den restlichen Zutaten kurz aufkochen und dann ca. 10 Minuten abkühlen lassen. Danach durch ein feines Sieb seihen, mit Obers aufgießen und zur Seite stellen. Vor dem Anrichten noch einmal erhitzen, eventuell mit kalten Butterstücken montieren und abschmecken

Die Waldviertler Nudeln in Salzwasser bissfest kochen. Abseihen und eventuell in Butter schwenken.

Der Fisch-Freak

Alexander Quester, Rennfahrersohn und Ex-Baustoffhändler, ist einer der innovativsten Fischzüchter Österreichs. Sein „Mariazeller Bachsaibling" ist eine unerreichte Delikatesse.

Von lärmenden Rennstrecken zur Ruhe eines Fischteichs: Alexander Quester, Sohn der lebenden Rennfahrerlegende Dieter Quester, hat eine eindrucksvolle Wandlung hinter sich gebracht. Ursprünglich dem Rennfieber erlegen, leitete er später die Baufirma seines Vaters. Bis er sie verkaufte und nur noch Immobilien verwaltete.

Doch seine wahre Leidenschaft gehört den Flossentieren. Deshalb verwirklichte Quester zusammen mit seiner Frau einen lang gehegten Traum: eine eigene Fischzucht.

Sein „Mariazeller Bachsaibling" ist aber mehr als nur ein delikater Süßwasserfisch. Questers Fische sind so ziemlich das Beste, was auf diesem Gebiet zu haben ist. Das liegt nicht zuletzt an der Art der Zucht. Statt eines üblichen Zuchtbeckens hat sich Quester für eine Teichanlage mit Fließwasser entschieden. So bleiben die Fische in Bewegung und leben so „wild" wie möglich. Keine Antibiotika, kein künstliches Futter, keine verschmutzten Becken. Glasklares, sauerstoffreiches Trinkwasser der Hochschwab-Region speist die Anlage. Ein idealer Lebensraum für den arktischen Seesaibling, den Huchen, den Bachsaibling und die Bachforelle.

Sie alle sind von erlesener Qualität – und nicht zuletzt auch überaus gesund. Besonders der arktische Seesaibling aus dem Mariazellerland, dessen Vorfahren aus dem nördlichen Polarmeer kommen, besitzt für den menschlichen Organismus wertvolle Omega-3-Fettsäuren.

Filets werden überdies geräuchert oder gebeizt. Die Räucherung erfolgt ausschließlich mit Buchenholz aus den Wäldern rund um das Mariazellerland. Die Filets wiederum werden in einer Beize aus Meersalz, Rohrzucker, Ötscherhonig, Dille, Petersilie, weißem Pfeffer und unserer geheimen Gewürzmischung 24 Stunden eingelegt und mehrmals gewendet. Dann mit glasklarem Bergwasser gewaschen und zur weiteren Reife kaltgestellt.

Adresse: Fischzucht Alexander Quester, 8632 Gußwerk Fallenstein 5, Tel.: 0676/906 37 45; www.wildsaibling.at

Rollmops von der Forelle mit Chardonnay-Kraut

Zutaten (für 6 Personen):
300 g geräuchertes Forellenfilet
1 Zitrone
grüner Pfeffer
Olivenöl
weißer Pfeffer aus der Mühle
eventuell 6 China-Stäbchen
oder Zahnstocher

Für das Kraut:
1 Flasche Chardonnay-Sektbrut
(oder auch Champagner)
1 Stück junges Kraut
Öl
Salz
Zucker
Balsamico
Olivenöl
Sherry-Essig
Basilikum

Zubereitung:

Das Kraut fein schneiden, salzen und marinieren. Etwas beizen und mit Chardonnay-Sekt brut marinieren. Das feine Kraut mit Olivenöl, Balsamico und Kräutern abschmecken.

Das Forellenfilet in feine Scheiben schneiden, auflegen, mit dem Chardonnay-Kraut füllen, einrollen, mit Stäbchen oder Zahnstocher fixieren und kühl stellen.

Hummer und Safran

Ein guter Hummer braucht nicht viel – außer vielleicht eine behutsame Zubereitung. Und Safran ist schon lang ein ideales Gewürz für Krustentiere, das leider in unseren Breiten noch immer viel zu wenig eingesetzt wird.

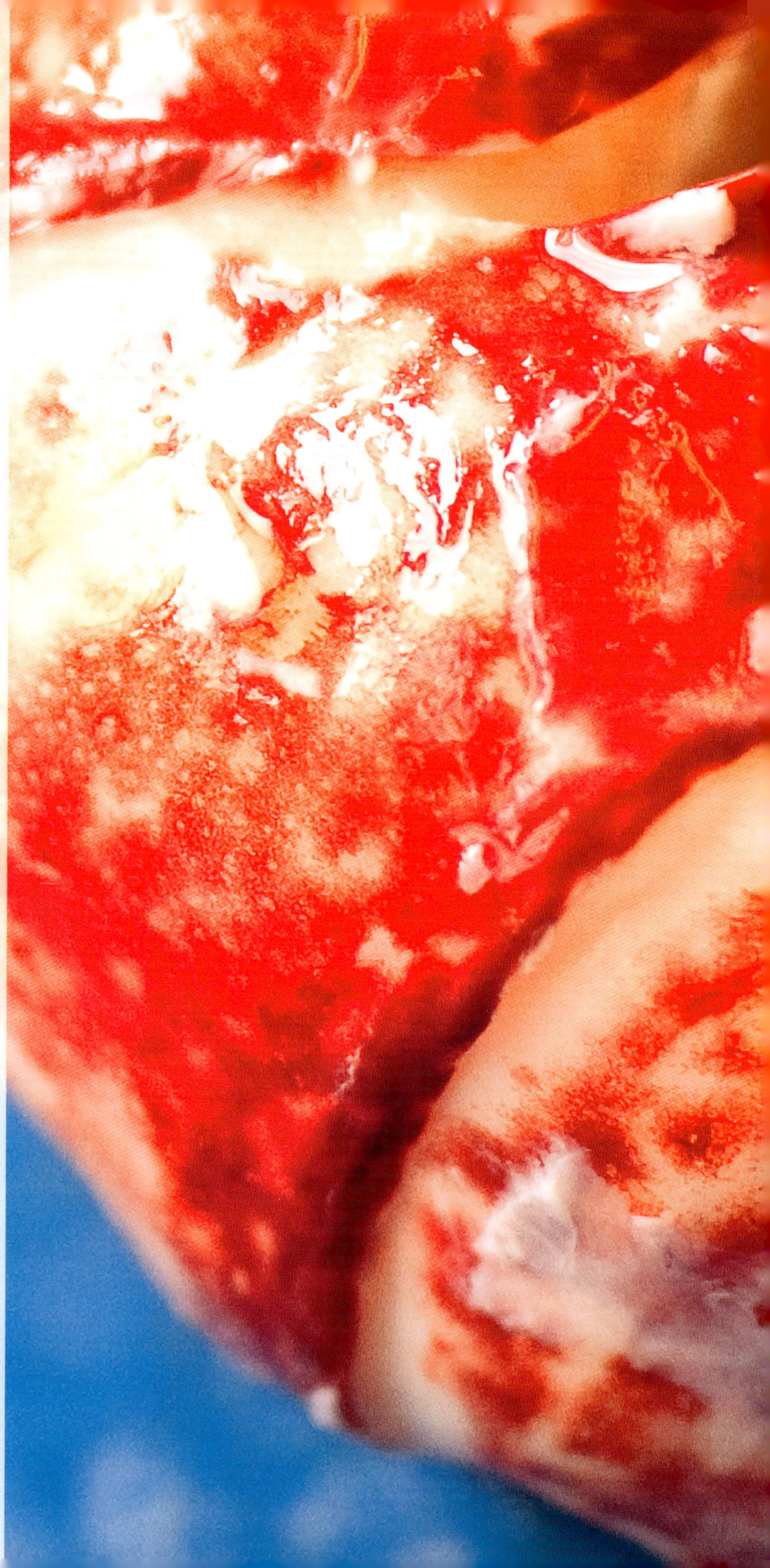

Szegediner Hummer-Krautfleisch

Zutaten (für 6 Personen):
2 Hummer à ca. 600 g
800 g Spitzkraut (besonders zarte Weißkrautsorte) oder grünes junges Kraut (da Spitzkraut in den ersten Monaten des Jahres schwer zu erhalten ist)
50 ml Obers
250 g Hummerbutter
Salz, weißer Pfeffer
weißer Balsamessig

Zubereitung:

Obers und Hummerbutter (siehe Kapitel *Saucen*) zu einer sämigen Sauce kochen. Krautkopf vierteln, den Strunk und die äußeren Blätter entfernen, fein nudelig schneiden und in der Hummersauce knackig weich kochen. Hummer in Wasser kurz kochen, herausnehmen und halbieren. Die Schwänze und Scheren auslösen. Vor dem Anrichten im Kraut erwärmen und mit Pfeffer und Essig abschmecken.

Hummer-Raviolo auf Erbsencreme

Zutaten (für 6 Personen):
Für den Nudelteig:
1 kg griffiges Mehl
4 Dotter
6 ganze Eier
4 EL Olivenöl
1 Prise Salz, evt. nach Größe der Eier
4 EL Wasser
1 ganzes versprudeltes Ei zum Bestreichen

Für die Hummer-Fülle:
100 g Hummersalpikon (große Stücke)
1 Limette (Abrieb & Saft)
50 g Topfen
50 g Rückstand von der Erbsen-Creme
Salz, weißer Pfeffer aus der Mühle,
frischer Thymian

Für die Erbsencreme:
500 g Erbsen
2 Zweige Minze
2 EL Butter
2 fein gehackte Schalotten
1 TL Zucker
Salz, weißer Pfeffer aus der Mühle
125 ml Gemüsefond

Zubereitung:

Für den Nudelteig alle Zutaten zu einem glatten Teig in der Rührmaschine verarbeiten.

Auf der Nudel-Maschine den Lasagneblätter-Aufsatz anbringen und hauchdünne Teigplatten ausrollen.

Für die Erbsencreme in der Pfanne Butter erhitzen, Schalotten farblos anschwitzen, Erbsen mitschwenken, zuckern und würzen, mit Gemüsefond (siehe Kapitel *Fond und Jus*) ablöschen und so lange köcheln lassen, bis die Erbsen gar sind. Die Minze hacken und beigeben, pürieren und durch ein Sieb streichen. Die Rückstände, die im Sieb bleiben, für die Fülle der Ravioli beiseite stellen.

Für die Fülle alle Zutaten ohne die Hummerstücke vermengen, gut verrühren und abschmecken.

Nudelteigplatten mit Ei bestreichen, die Fülle auf die Platten setzen und ein Hummerstück darauflegen. Die zweite Nudelteigplatte darüberlegen und den Teig rund um die Fülle leicht andrücken. Mit einem runden Ausstecher (ca. 8 cm Durchmesser) ausstechen.

Die Hummer-Ravioli in kochendem Salzwasser vorsichtig al dente kochen, mit etwas Kochwasser und Butter in einer Pfanne schwenken, etwas salzen und pfeffern.

Jeden einzelnen Raviolo auf die Erbsencreme setzen und sofort servieren.

Gegrillter Hummer bretonisch

Zutaten (für 4 Personen):
2 bretonische Hummer, mittlerer Größe
Olivenöl
1 Zitrone
Kräuter (Rosmarin, Salbei)
Salz, Pfeffer aus der Mühle

Zubereitung:

Unbedingt nur lebenden Hummer verwenden, vorzugsweise bretonischen. Allerdings ist das Töten der Tiere nicht jedermanns Sache. Es gibt zwei Arten: den Hummer mit einem scharfen Messer mit der Spitze in den Nacken stechen und sofort halbieren. Hört sich grausam an, ist aber die bessere Methode.

Wer das nicht schafft, sollte den Hummer mit dem Kopf voran ins kochende Wasser geben, kurz blanchieren, aus dem Wasser nehmen und halbieren.

Die Hummerhälften mit Olivenöl beträufeln, die Kräuter dazugeben und auf den Grill legen, bis der Hummer gar ist. Bei halbiertem Hummer lässt sich das leicht erkennen.

Dazu serviert man am besten eine Oliven-Mayonnaise (siehe Kapitel *Saucen*), eine Zitrone und Weißbrot. Und sonst gar nichts.

Safran-Risotto
mit Hummersalpikon

Zutaten (für 4 Personen):
1 gekochter Hummerschwanz
120 g Risottoreis
1 mittelgroße weiße Zwiebel
200 ml Weißwein trocken
frischer Thymian
2 g Safran-Fäden
600 ml Fisch- oder Gemüsefond
100 g Butter
2 EL Obers
4 EL Olivenöl
20 g Parmesan
Salz, Pfeffer

Zubereitung:

Den gekochten Hummerschwanz in kleine Würfel (Salpikon) schneiden.

Für das Risotto die klein geschnittene Zwiebel in Olivenöl anschwitzen und den Reis dazugeben. Mit Weißwein ablöschen und die Safranfäden dazugeben. Die Flüssigkeit verdunsten lassen und immer wieder mit dem Fond(siehe Kapitel *Fond und Jus*) aufgießen, so lange, bis der Reis gar, aber noch kernig ist. Zum Schluss mit Obers, Butter und Parmesan cremig rühren.

Salpikon in Butter erwärmen und unter das Risotto mischen.

Sollten Sie für dieses Gericht einen ganzen Hummer verwenden, so können Sie die ausgelösten Scheren noch oben auf das Risotto setzen.

Pasta, Pesto und Sugo

Eine klassische Italien-Kombi. Die Varianten sind schier unendlich und die hier präsentierten Gerichte nur Kostproben einer globalen Erfolgsgeschichte.

Wie man Nudeln kocht…

Auf keinen Fall darf die Pasta matschig werden. Sie muss „al dente", sprich: bissfest sein. Viel zu lange machten wir Österreicher den Fehler, die Nudeln viel zu weich zu kochen. Eine Katastrophe für jeden Italiener. Vorsicht ist vor allem bei frischen Eiernudeln wie den Fettuccine geboten. Auch die Tagliatelle bedürfen einiger Aufmerksamkeit bei der Zubereitung, sie müssen meist nur ganz kurz gekocht werden. Zu weich ist schlecht, richtig al dente ist in diesem Fall aber wieder zu hart. Die getrockneten Hartweizen-Grießnudeln hingegen lassen sich problemlos al dente kochen.

Völlig unsinnig ist es, Olivenöl ins Kochwasser hineinzuschütten, damit die Nudeln nicht kleben. Kein Italiener macht das. Auch das abschließende kalte Abschrecken unter fließendem Leitungswasser ist überflüssig. Die guten Köche Italiens hatten in früherer Zeit ihr ureigenstes Rezept, um festzustellen, ob die Nudeln al dente waren. Sie nahmen eine Nudel heraus und warfen sie mit Schwung gegen die Küchendecke. Blieben sie dort kleben, dann waren sie gut und konnten herausgenommen werden. Heute genügt es, mit der Gabel zu probieren, ob sie die richtige Konsistenz haben. Es ist ratsam, etwas Kochwasser aufzuheben und rasch mit den Nudeln zu vermengen, wenn man sie in eine Schüssel geschüttet hat. Das macht sie geschmeidig und sie schmecken auch besser.

Der Topf sollte immer groß genug sein und niemals zugedeckt werden. Wer diese Regeln beachtet, dem wird das Nudelgericht perfekt gelingen.

Tauchen Sie also ein in die herrliche Welt der italienischen Pasta!

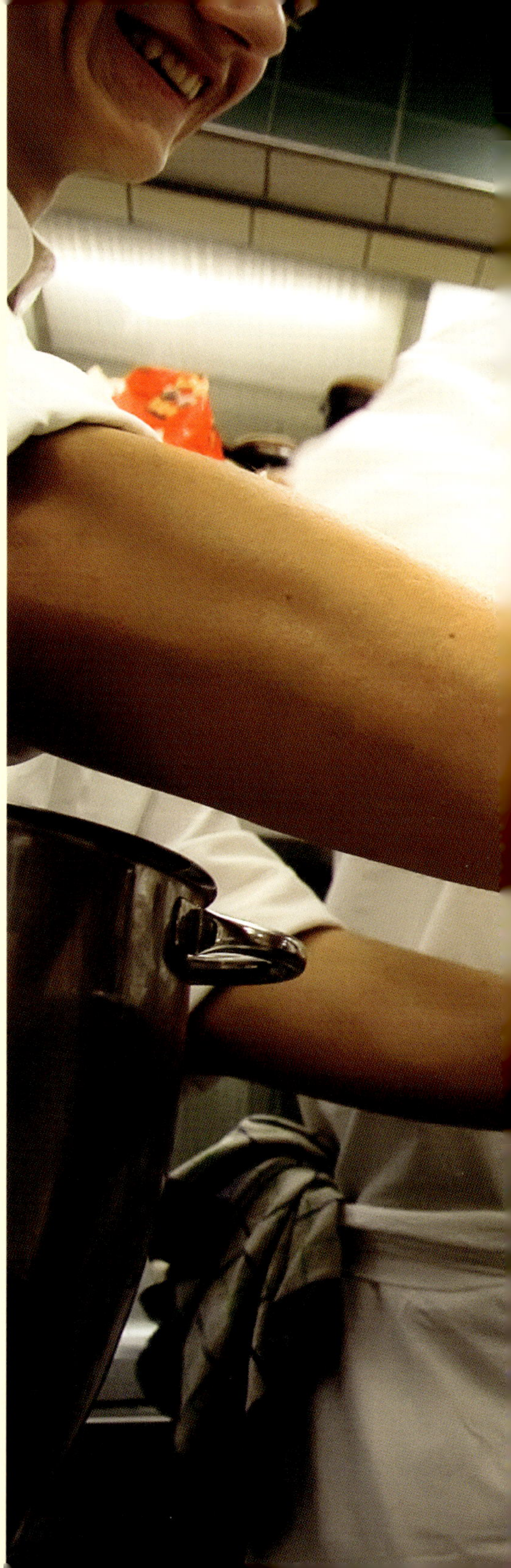

Die wichtigsten Pasta-Sorten

Cannelloni:	röhrenförmige, große Nudeln, werden ausschließlich zum Füllen verwendet
Conchiglie:	Nudeln in Muschelform für Fleisch- und Paradeisersaucen
Cellentani/Eliche/ Fusilli:	Spiralnudeln
Gnocchi:	Klößchen aus Kartoffel-, Grieß- oder Mehlteig
Farfalle:	„Schmetterlingsnudeln"
Fettuccine/Tagliatelle:	Bandnudeln
Lasagne:	breite, rechteckige Teigplatten
Lasagnette:	breite und gewellte Bandnudeln
Linguine:	sehr schmale und dünne Bandnudeln
Macceroni:	lange und dicke Röhrennudeln
Orecchiette:	Nudeln in Ohrenform, werden vorwiegend für dicke, herzhafte Saucen verwendet
Paglia e fieno:	gelbe und grüne Bandnudeln gemischt („Stroh und Heu")
Penne:	kurze gerippte Röhrennudeln, die an den Enden abgeschrägt sind
Ravioli:	kleine gefüllte Teigtaschen
Rigatoni:	kurze gerippte Röhrennudeln
Sedani:	kurze, leicht gebogene Hörnchen-nudeln
Spaghetti/Vermicelli:	lange und dünne Nudeln aus Hartweizengrieß
Spaghettini:	sehr dünne, feine Spaghetti
Tortellini:	kleine Teigringe mit unterschied-lichen Füllungen
Tortelloni:	große und gefüllte Teigtaschen

Feine Zitronennudeln mit Kapern und langem Pfeffer

Zutaten (für 4 Personen):

200 g frischer Nudelteig
(siehe Grundrezept Seite 55)
1 Zitrone
3 EL Butter
etwas Wasser
2 EL eiskalte Butterwürfel
Kapern
langer Pfeffer

Zubereitung:

Nudelteig mithilfe der Nudelmaschine dünn ausrollen und mit dem feinsten Aufsatz in feine Nudeln schneiden.

Zitronen waschen, hauchdünne Zesten ziehen, die restliche Zitrone auspressen. Die Zesten in kochendem Wasser eine Minute blanchieren, abseihen und gut abtropfen lassen. Nudeln in reichlich gesalzenem Wasser ca. 15 Sekunden kochen, abseihen und kurz abschrecken.

In einer Pfanne die Butter aufschäumen, die Zitronenzesten dazugeben, kurz durchschwenken. Die Nudeln, Kapern, langen Pfeffer und etwas Wasser dazugeben, erwärmen und mit Salz abschmecken. Unter ständigem Schwenken kalte Butter daruntermischen, sodass die Nudeln schön „mollig" werden.

In heißen, tiefen Tellern anrichten.

Red Hot Chili Pasta

Zutaten (für 4 Personen):
300 g Rigatoni
Salz
1 Zwiebel
2 Knoblauchzehen
2 EL Öl
2 frische Pfefferoni
500 g Faschiertes
400 g Paradeiser, stückig, aus der Dose
2 rote Paprika
2 EL Paradeismark
Pfeffer, Chilipulver
frische Kräuter
Zucker
2 EL Chicken Chili Sauce
50 g gehackte schwarze und
grüne Oliven

Zubereitung:

Rigatoni in Salzwasser kochen, abgießen und abtropfen lassen. Zwiebel und Knoblauchzehen abziehen und fein würfeln. Öl erhitzen, Zwiebel, Knoblauch und Faschiertes darin anbraten. Stückige Paradeiser, Paprika, Pfefferoni, Oliven und Paradeismark zugeben und ca. 10 Minuten bei milder Hitze köcheln lassen.

Sauce mit Salz, Pfeffer, Chilipulver, frischen Kräutern und Zucker pikant abschmecken.

Rigatoni mit Sauce auf Tellern anrichten. Nach Wunsch mit schwarzen und grünen Olivenscheiben und frischen Parmesanhobeln verzieren und servieren.

Gnocchi, Spinat, Eierschwammerln

Zutaten (für 4 Personen):
4–5 mittelgroße Erdäpfel
1–2 Eidotter
50 g flüssige Butter
1 EL Stärkemehl
Salz & Muskat

300 g Blattspinat, geputzt und gewaschen
100 g Eierschwammerln
50 g Butter
Salz, Pfeffer
100 ml steif geschlagenes Obers

Parmesan

Zubereitung:

Für die Gnocchi Erdäpfel waschen, kochen, schälen, in warmem Zustand durch eine Erdäpfelpresse drücken und mit Dottern, flüssiger Butter, Salz, Muskat und Stärkemehl zu einem glatten Teig verkneten. Danach den Teig zu Gnocchi drehen. Kurz vor dem Anrichten in Salzwasser kochen.

In einer Pfanne etwas Butter erhitzen, die Eierschwammerln darin erhitzen, Gnocchi aus dem Wasser heben und in der Butter gemeinsam mit dem Blattspinat schwenken. Vor dem Anrichten würzen und etwas geschlagenes Obers unterziehen.

Tipp: Der Erdäpfelteig ist auch sehr gut für Erdäpfelknödel geeignet. Statt des Spinats passen auch sehr gut Kohlgemüse, Mangold, Chicorée und andere Blattgemüsesorten.

Gnocchi in tiefen Tellern anrichten und Parmesan darüberhobeln.

Spaghetti mit Büffel-Mozzarella und Paradeisern

Zutaten (für 4 Personen):
600 g reife Paradeiser, geschält
(ersatzweise Pelati aus der Dose)
8 EL Olivenöl
1 Bund Basilikum
1 TL getrockneter Oregano
kleine Kapern
1 EL Balsamico
Salz, Pfeffer
200 g Büffel-Mozzarella
Parmesan

Zubereitung:

Spaghetti in Salzwasser bissfest kochen.

Paradeiser vierteln und entkernen. Mit Olivenöl, Basilikumblättern, Oregano und Kapern verrühren. Mit Balsamico, Salz und Pfeffer abschmecken. Den Büffel-Mozzarella in dünne Scheiben schneiden.

Spaghetti aus dem Kochwasser heben, abtropfen lassen und mit dem Mozzarella vermengen. Paradeiser-Basilikummasse untermengen und in tiefen Tellern anrichten.

Parmesan darüberreiben und servieren.

Spaghetti aus dem Waldviertel

Ein kleiner Nudel-Hersteller aus dem Waldviertel macht einer übermächtigen Teigwaren-Industrie aus Italien Konkurrenz. Und das mit Erfolg.

Die Firma ist nur schwer zu finden, nur wer hartnäckig sucht, kommt irgendwann einmal nach „Walterschlag 15" in der Nähe von Weitra im Waldviertel.

Dort betreibt die Familie Zimmermann seit Jahren eine Nudelmanufaktur, wo allerlei Arten von Teigwaren hergestellt werden. Spaghetti aus dem Waldviertel? Klingt zunächst etwas seltsam. Doch die Zimmermanns haben sich im Laufe der Zeit tatsächlich am Markt etablieren können – und das, obwohl die Konkurrenz aus Italien, dem Heimatland der Teigwaren, mehr als übermächtig ist.

Zimmermanns Teigwaren enthalten ausschließlich hochwertigen Hartweizengrieß aus heimischen Mühlen sowie Weinviertler Getreide oder Dinkel und Gewürze aus dem Waldviertel. Und die frisch aufgeschlagenen Eier stammen vom eigenen Legehennen-Betrieb. Auf chemische Konservierungsmittel, Geschmacksverstärker oder chemische Aromastoffe wird zur Gänze verzichtet. Die Bandbreite der Produkte reicht von groben und feinen Nudeln, Makkaroni, Spaghetti über Bandnudeln, Fleckerln, Hörnchen, Spiralen, Muscheln bis zu Dinkel- und Chilispaghetti.

Adresse: Fa. Zimmermann Paula, 3970 Weitra, Walterschlag 15, Tel.: 02856/3167

Penne mit Jungzwiebeln

Zutaten (für 4 Personen):
100 g Buttter
12–15 Frühlingszwiebeln, fein geschnitten (nur die weißen Teile verwenden)
2 Eigelb
250 g Penne
50 g Parmesan, frisch gerieben
Petersilie, fein gehackt
Wasser
Salz, Pfeffer

Zubereitung:

In einer Kasserolle die Butter zergehen lassen, die fein geschnittenen Zwiebeln dazugeben, salzen und pfeffern und etwa 15–20 Minuten bei kleiner Hitze dünsten lassen. Ist die Flüssigkeit verdampft, immer wieder etwas Wasser dazugeben. Vom Herd nehmen und etwas auskühlen lassen.

Die Penne al dente kochen. Jetzt die Zwiebeln, die Eigelb, den geriebenen Parmesan und die Petersilie vermischen, danach die heißen Penne dazugeben und darin schwenken.

Auf gewärmte Teller geben und frisch gemahlenen Pfeffer, etwas gehackte Petersilie und noch ein wenig frisch geriebenen Parmesan darüberstreuen.

Pappardelle mit Ofenparadeisern, Basilikum und Robiola

Zutaten:
300 g Pappardelle
60 g Robiola
4–6 Paradeiser
frisches Basilikum
2 Knoblauchzehen
1 Zwiebel
etwas Butter
Salz, Pfeffer, Zucker
etwas Olivenöl
frische Kräuter

Zubereitung:

Die Paradeiser abziehen, Kerne herausnehmen, auf ein Blech mit Backpapier setzen, mit Olivenöl beträufeln und Knoblauch darüberpressen. Salz, Pfeffer und Zucker darüberstreuen. Im leicht geöffneten Ofen bei 70 °C 1–2 Stunden trocknen lassen.

Den Robiola in kleine Stücke schneiden. Die Zwiebel hacken und das Basilikum grob zupfen.

Die Ofenparadeiser grob schneiden und in Butter mit der Zwiebel schwenken. Die gekochten Pappardelle mit Basilikum und Robiola mitschwenken und sofort servieren.

Der mit den Büffeln tanzt

Der niederösterreichische Käsemacher Robert Paget produziert die richtige Antwort auf italienischen Massenmozzarella. Seine zehn Wasserbüffel geben die Milch für eine Delikatesse, die in Österreich noch Seltenheitswert hat.

Schon seit Jahren erzeugt der studierte Biologe Robert Paget ganz hervorragende Käsespezialitäten, wie sie in Österreich kaum zu finden sind – darunter Camembert, Blauschimmel- und Hartkäse. Seit geraumer Zeit hat er aber auch Mozzarella im Programm. Nicht irgendeinen, der eher nach Plastik schmeckt, wie die vielen Gummikugeln, die aus Italien kommen und den Markt überschwemmen. Paget macht einen Bufala-Mozzarella und befindet sich damit in der Königsklasse. In Österreich ein absolutes Novum, seine

zehn Wasserbüffel sind die Einzigen im Land, von solchen Tieren stammt normalerweise der berühmte „Mozzarella di Bufala" aus Kampanien.

Einen solchen Mozzarella herzustellen, ist nicht ganz einfach. Erstens war zunächst nicht klar, ob es für die Büffel in Österreich nicht zu kalt wäre. Und zweitens braucht es viel Gespür und Erfahrung, um einen Käse aus dieser besonders molligen und gehaltvollen Milch zu erzeugen.

In unzähligen Versuchen probierte Paget, was zunächst kaum möglich schien. Vier Jahre lang tüftelte er herum, bis sein Käse jene Qualität erreicht hat, die ihm vorschwebte und für die diese süditalienische Spezialität weltberühmt wurde.

Seine Wasserbüffel stammen aber nicht aus Italien, sondern aus den Niederlanden, dort wurde ihm auch versichert, dass die Tiere sehr wohl auch in kälteren Gegenden leben können. Sie entwickeln dann ein dichtes, zotteliges und am Rücken auslaufendes Fell. Aber auch die Beziehung zwischen Tier und Mensch ist für die Qualität der Milch nicht unwesentlich. Wasserbüffel reagieren sehr empfindsam und mögen keinerlei Veränderungen. Deshalb müssen die Melkzeiten streng eingehalten werden, ansonsten geben sie weniger Milch. Bei einer Tagesmenge von nur vier bis zehn Litern – das ist ein Drittel der Menge, die eine Kuh produziert – wäre das alles andere als wünschenswert.

Dafür hat die Büffelmilch der herkömmlichen Kuhmilch gegenüber eine Menge von Vorteilen. Ihr Fettgehalt ist doppelt so hoch, für die Käseproduktion ideal. Der Cholesteringehalt ist hingegen deutlich geringer, der Anteil an Kalzium, Eisen und Vitaminen wiederum höher.

Dennoch ist die Herstellung von Mozzarella ein mühsames Unterfangen. Vor allem der Teig erfordert viel Fingerspitzengefühl. So muss der aus der Molke gehobene Käsebruch mit bis zu 80 °C heißem Wasser abgebrüht, gerührt, händisch geknetet und gezogen werden. Erst dann wird er geschnitten und zu Kugeln geformt.

Pagets Bufala-Mozzarella ist ein intensiv schmeckender Käse und ist im Inneren cremig und geschmeidig. Kein Vergleich zu herkömmlichen Kuhmilch-Mozzarellas. Er sollte auch rasch nach dem Kauf verzehrt werden.

Zu kaufen gibt es Österreichs einzigen Büffelmozzarella im Hofladen von Tochter Maiwenn Paget (3492 Diendorf am Kamp, Kirchenweg 2, Tel.: 0650/731 08 43), dort sind auch alle anderen Käsespezialitäten des Hauses Paget zu finden.

Krebse und Muscheln

Mit Krebsen und Muscheln umzugehen ist nicht sonderlich schwer.
Ob Krebse im Sud oder gedünstete Muscheln in Weißwein – die einfachste Art sie zuzubereiten ist immer die beste.

Flusskrebse im Sud

Zutaten (für 6 Personen):
3 kg frische Flusskrebse
(am besten lebend)
10 l Salzwasser
1 Zwiebel
Salz, Pfeffer
frische Gartenkräuter
Lorbeerblatt
1 Stange Lauch
250 g gelbe Rüben
250 g Karotten
frischer Kümmel

Zubereitung:

Das Gemüse klein schneiden, die Kräuter fein hacken. Die Krebse und sämtliche Zutaten in das kochende Salzwasser geben. Die lebenden Krebse für ungefähr 2–4 Minuten (je nach Größe) mit dem Kopf voran in das sprudelnd kochende Wasser geben. Bei kleineren Krebsen reicht ein ganz kurzes Aufkochen. Danach den Topf beiseite stellen und die Krebse 5–7 Minuten nachziehen lassen. Die Krebse herausnehmen und den Sud 10 Minuten weiterkochen. Dann die Krebse zusammen mit dem Sud servieren.

Dazu reichen Sie am besten ein einfaches Knoblauchbrot.

Gedünstete Muscheln mit Weißwein & Junglauch

Zutaten (für 4 Personen):
2 kg Miesmuscheln
12 Stück Junglauch
2 Schalotten
30 g Petersilie
2 Kerbelzweige
2 dl Weißwein
2 Thymianzweige
130 g Butter
Pfeffer aus der Mühle

Zubereitung:

Die Muscheln waschen und putzen, offene Muscheln entfernen.

Junglauch in feine Streifen schneiden. Die Schalotten schälen und fein hacken. Petersilie hacken und Kerbel zupfen.

Die Schalotten in einem großen, breiten Topf mit Butter glasig dünsten. Muscheln und den Thymian hinzugeben, mit Wein ablöschen, pfeffern und zudecken. Den Topf ein- bis zweimal gut durchschütteln, dann sind die Muscheln normalerweise offen. Muscheln aus dem Sud nehmen und abtropfen lassen.

Sud abseihen und einkochen. Mit kalter Butter binden und Junglauch hinzugeben.

Abschmecken.

Venusmuscheln mit Radieschen-Vinaigrette

Zutaten (für 4 Personen):
1 kg Venusmuscheln
3 Schalotten
200 ml Weißwein
100 ml Gemüse- oder Fischfond

Für die Radieschen-Vinaigrette:
1 Bund Radieschen
Weißweinessig
Olivenöl
2 TL Dijon-Senf
Petersilie
Salz, weißer Pfeffer

Zubereitung:

Radieschen in dünne Streifen schneiden. Essig, Olivenöl und Senf vermischen und die Radieschen mit klein gehackter Petersilie dazugeben. Mit Salz und Pfeffer abschmecken.

Weißwein und Fond (siehe Kapitel *Fond und Jus*) mit klein gehackten Schalotten in einem großen Topf kurz aufkochen, die Muscheln dazugeben und 3–5 Minuten kochen. Immer wieder umrühren. Wenn die Muscheln aufgegangen sind, diese herausnehmen. 80 Prozent der Muscheln von der Schale lösen, beim Rest die Schale nicht entfernen. Die Flüssigkeit in einen anderen Topf schütten und dabei aufpassen, dass der Sand am Boden bleibt. Die Flüssigkeit stark reduzieren, bis eine sirupartige Konsistenz entsteht.

Die ausgelösten Muscheln mit der Flüssigkeit in eine Schüssel geben, mit der Vinaigrette mischen und die restlichen Muscheln mit der Schale dazugeben.

Dazu Weißbrot servieren.

Jakobsmuscheln à la St. Germain

Zutaten (für 4 Personen):
12 Jakobsmuscheln (beste Qualität und so frisch wie nur möglich)
4 EL Sauerrahm
1 Zitrone
1 EL Schnittlauch, fein geschnitten
Salz, Pfeffer

Zubereitung:

Sauerrahm ganz dünn auf die Teller streichen. Jede der Jakobsmuscheln in vier dünne Scheiben schneiden und gleichmäßig auf die Teller mit dem Sauerrahm verteilen. Mit Olivenöl, Salz, Pfeffer, Zitronensaft und Schnittlauch abschmecken.

Tipp: Um das Gericht noch zu vervollkommnen, kann man noch einen Löffel Kaviar in die Mitte legen.

Jakobsmuscheln am Grill

Zutaten (für 4 Personen):
16 Jakobsmuscheln
Olivenöl
1 Zitrone
Rosmarin
Meersalz
Salz, Pfeffer aus der Mühle

Zubereitung:

Die Jakobsmuscheln salzen, pfeffern und mit Zitronensaft beträufeln, klein gehackten Rosmarin daraufgeben und auf einem Blech auf den Grill legen. Mehrmals wenden, bis die Jakobsmuscheln außen etwas bräunlich sind. Aber nicht zu lang grillen, sonst sind sie trocken!

Dazu serviert man am besten eine Oliven-Mayonnaise (siehe Kapitel *Saucen*) und Weißbrot. Wer will, kann auf die Muscheln noch etwas Meersalz geben.

Steinbutt und Seezunge

Flach wie Flunder – aber irre gut. Steinbutt und Seezunge brauchen eine vorsichtige Hand, denn ihr zartes Fleisch darf niemals zu lange gegart werden.

Steinbutt-Schnitte mit Morcheln

Zutaten (für 4 Personen):
100 g Morcheln
4 Steinbuttschnitten, an der Gräte ohne Haut (à 200 g)
Salz, schwarzer Pfeffer aus der Mühle
4 EL Olivenöl
1 Knoblauchzehe, leicht angedrückt
2 Thymianzweige
1 Bund Petersilie
50 g Butter
200 ml Fischfond
Zitronensaft
2 EL intensiv-fruchtiges Olivenöl

Zubereitung:

Morcheln in kleine Würfel schneiden. Steinbutt mit Salz und Pfeffer würzen und in einer Pfanne in Olivenöl bei starker Hitze auf einer Seite 1 Minute anbraten. Steinbutt wenden, Temperatur etwas verringern und Knoblauch, Petersilie und Thymian zufügen.

30 g Butter in Flöckchen auf den Schnitten verteilen. Nach 2 Minuten auf ein gebuttertes Blech setzen und im vorgeheizten Backofen bei 180 °C etwa 8 Minuten fertig garen.

Währenddessen die Morchelwürfelchen in der Steinbuttpfanne mit der restlichen Butter anschwitzen. Mit Fischfond (siehe Kapitel *Fond und Jus*) und etwas Zitronensaft ablöschen. Bei hoher Temperatur stark aufkochen und reduzieren. Das intensive Olivenöl zufügen.

Steinbuttschnitten auf Teller setzen und mit Jus überziehen. Dazu passt gebratenes Gemüse wie Artischocken und Erdäpfel.

Gebratener Steinbutt auf Rahm-Wirsing und roter Butter

Zutaten (für 4 Personen):
Für den Steinbutt:
4 Stück Steinbuttfilet
à 120 g
1 Zitrone
1 Limette
Salz, Pfeffer
etwas glattes Mehl
Olivenöl und Butter
zum Braten

Für den Rahmwirsing:
200 g Wirsingkohl
40 g Räucherspeck
¼ l Obers
1 Knoblauchzehe
Salz, Pfeffer
Weißwein

Für die rote Butter:
½ l kräftiger Rotwein
2 kleine Zwiebeln
80 g Butter

Zubereitung:

Den Steinbutt mit Salz, Pfeffer und Zitronensaft würzen, auf beiden Seiten in Mehl wenden und in heißem Olivenöl mit etwas Butter 3–4 Minuten kurz vor dem Anrichten goldbraun braten.

Für den Rahm-Wirsing Wirsing in Streifen und Speck in feine Würfel schneiden. Wirsing blanchieren und in Eiswasser abschrecken. Speck in einem Topf anrösten und Wirsing beigeben. Mit Weißwein ablöschen und reduzieren. Mit Obers auffüllen und Gewürze beigeben, etwas einkochen. Vor dem Anrichten geschlagenes Obers unterziehen.

Für die rote Butter die Zwiebeln fein hacken und gut auswässern. Kräftigen und sehr tanninhältigen Rotwein mit den Zwiebeln einreduzieren und mit kalter Butter aufmontieren, mit Salz und Pfeffer würzen, etwas Zitronensaft beigeben und geschlagenes Obers vor dem Anrichten unterziehen.

Dover-Seezunge mit Limetten-Butter und Eierschwammerln

Zutaten (für 4 Personen):

Für die Seezunge:
2 mittelgroße Dover-Seezungen
Zitronensaft
Salz, Pfeffer
Olivenöl, Butter

Für die Limetten-Butter:
200 g Butter
Saft von 2 Limetten
Filets von 1 Limette
1/16 l Weißwein
Salz, Pfeffer, Zucker

Für die Eierschwammerln:
400 g Eierschwammerln
6 Schalotten
Butter & Olivenöl
frische Kräuter
Salz, Pfeffer

Zubereitung:

Die Seezunge mit Salz, Pfeffer und Zitrone würzen und in wenig Olivenöl mit Butter braten.

Eierschwammerln in Butter mit Olivenöl und den Schalotten anschwitzen, mit Salz und Pfeffer würzen und die frischen Kräutern dazugeben.

Für die Limetten-Butter Butter zerlassen, Limettensaft und Weißwein dazugeben und emulgieren lassen (siehe unten). Die Limetten-Filets beigeben und mit Salz, Pfeffer und Zucker würzen.

Die Limetten-Butter am Teller anrichten, die Eierschwammerln darauf verteilen und die Seezunge daraufsetzen. Mit Dille ausgarnieren.

Wissen: Als Emulgieren wird das intensive Vermischen von fetten mit wässrigen Flüssigkeiten bezeichnet. Mittels Handmixer oder Schneebesen entstehen dann stabile Mischungen wie etwa eine Mayonnaise.

St. Pierre mit Orangen und Basilikum, grüner Pfeffer

Zutaten (für 4 Personen):
600 g Filets vom
St. Pierre (St. Petersfisch)
3 EL Butter
3 EL Olivenöl
1 EL grüner Pfeffer
3 Orangen
1 Bund Basilikum
grobes Meersalz
Pfeffer aus der Mühle

Zubereitung:

Orangen filetieren, Basilikum zerkleinern.

Fisch-Filets mit Olivenöl und schwarzem Pfeffer einreiben und in Butter zart anbraten.

Grüne Pfefferkörner (ohne Lake) und Zesten von einer Orange dazugeben. Mit Orangensaft ablöschen und mit Olivenöl und Butter montieren. Mit Salz abschmecken. Fischfilets und Orangenfilets anrichten, Sauce darübergießen und das frische Basilikum dazugeben.

Steinbutt auf hausgemachten Trüffel-Nudeln

Zutaten (für 4 Personen):

Für den Steinbutt:
4 Steinbuttstücke
à ca. 100 g (Menüportion ca. 40 g)
1 Limette
Salz, weißer Pfeffer aus der Mühle
Olivenöl und Butter zum Braten

Für den Nudelteig:
1 kg griffiges Mehl
4 ganze Eier
4 Eidotter
3 EL Olivenöl
2 EL Wasser

Für die Nage:
¼ l Obers
1 Schuss Weißwein
Salz, Pfeffer
2 Eidotter

Trüffeln nach Belieben

Zubereitung:

Den Steinbutt mit Salz, Pfeffer und Zitronensaft würzen, auf beiden Seiten in Mehl wenden und in heißem Olivenöl mit etwas Butter 3–4 Minuten kurz vor dem Anrichten goldbraun braten.

Für die Nudeln alle Zutaten in der Nudelmaschine zu einem kompakten Teig kneten und mit dem Tagliatelle-Aufsatz Nudeln herunterlassen.

Die Nudeln in gesalzenem Wasser al dente kochen und abseihen.

Für die Nage Weißwein reduzieren lassen, Obers dazugießen und mit Salz und Pfeffer abschmecken. Die Nudeln durch die Nage ziehen und mit Eidotter legieren.

Den Steinbutt mit den Tagliatelle am Teller anrichten und nach Belieben Trüffeln darüberhobeln.

Trüffel und Steinpilze

Wer den Trüffeln einmal verfallen ist, für den gibt es kein Zurück mehr. Was mitunter ins Geld gehen kann. Steinpilze sind zum Glück günstiger – und ebenfalls ausgesprochen köstlich.

Hummerschaumsuppe mit schwarzen Trüffeln

Zutaten (für 4 Personen):
400 g Hummerbutter
300 g Fischfond
300 g Obers
1 schwarze Trüffel

Zubereitung:

Hummerbutter (siehe Kapitel *Saucen*) in einem Topf schmelzen, mit Fischfond (siehe Kapitel *Fond und Jus*) aufgießen, kurz erhitzen und das Obers dazugeben. Das Ganze aufmixen, in Teller geben und eine schwarze Trüffel darüberhobeln.

Sautierte Steinpilze auf Schwarzbrot-Toast mit Mark

Zutaten (für 4 Personen):
300 g Steinpilze
4 Scheiben Tramezzinibrot
4 Markknochen
50 g Butter
2 EL Olivenöl
2 Knoblauchzehen
Petersilie
Salz, Pfeffer

Zubereitung:

Die Steinpilze trockenputzen und grob schneiden. In einer Pfanne mit Butter, Olivenöl und dem klein gehackten Knoblauch ansautieren. Klein gehackte Petersilie dazugeben. Das Tramezzinibrot toasten (oder in einer anderen Pfanne in Olivenöl anbraten). Markknochen in Salzwasser kochen.

Die fertig sautierten Steinpilze auf die Toastscheiben legen, die Markknochen auslösen und das Mark in kleinen Stücken zu den Pilzen legen.

Pappardelle mit Steinpilzen

Zutaten (für 6 Personen):

Für die Pappardelle:
Mehl
3 Eier
Salz

500 g Steinpilze
3 EL Olivenöl
4 EL Butter
Petersilie
Liebstöckel
weißer Pfeffer
⅛ l Obers
200 g Parmesan

Zubereitung:

Für die Pappardelle (breite Bandnudeln) aus Mehl, Eiern und einer Prise Salz einen Pasta-Teig zubereiten (siehe Kapitel *Teige*). Dünn ausrollen, antrocknen lassen und in 3 cm breite Streifen schneiden. In Salzwasser al dente kochen, abgießen und gut abtropfen lassen.

Petersilie und Liebstöckel fein hacken. Steinpilze putzen und blättern. Die Pilze in Olivenöl und Butter anschwenken, Obers beigeben. Mit einem Teil der Sauce die Pappardelle gut durchschwenken, damit sich die Pasta, Sauce und Pilze schön vermengen. Die Pappardelle mit Liebstöckel, Petersilie, Salz und weißem Pfeffer würzen und auf tiefen Tellern anrichten, mit der restlichen Sauce napieren und mit Parmesan servieren.

Nudeln mit schwarzer und weißer Trüffel

Unter Trüffel-Liebhabern sorgt besonders eine Frage schon lange für heiße Diskussionen: Welche ist besser, die weiße oder die schwarze?
Wir haben diese Frage ganz einfach gelöst. Für das folgende Gericht verwenden wir beide Trüffelarten – die schwarze Perigord-Trüffel und die weiße, vorzugsweise aus dem Piemont.

Das Ergebnis ist schlicht umwerfend!

Zutaten (für 4 Personen):
80 g Butter

Für den Nudelteig:
1 kg griffiges Mehl
4 ganze Eier
4 Eidotter
3 EL Olivenöl
2 EL Wasser

1 weiße, 1 schwarze Trüffel

Zubereitung:

Für die Nudeln alle Zutaten in der Nudelmaschine zu einem kompakten Teig kneten und mit dem Tagliatelle-Aufsatz Nudeln herunterlassen.

Die Nudeln in gesalzenem Wasser al dente kochen und abseihen. Dann die Nudeln in zerlassener Butter gut durchschwenken und die Trüffeln darüberhobeln.

Sofort servieren.

Tournedo „Rossini“ mit gebratener Gänseleber, Trüffel-Jus und Erdäpfel-Püree

Zutaten:
600 g Rindsfilet
Salz
weißer Pfeffer aus der Mühle
1 Thymianzweig
1 EL Dijon-Senf
Öl und Butter zum Braten
¼ l Rotwein
¼ l brauner Fond

300 g Gänseleber
Mehl zum Bestauben
Öl und Butter zum Braten
Salz
weißer Pfeffer aus der Mühle
½ Knolle schwarze Trüffel

Für das Erdäpfel-Püree:
6 mittelgroße Erdäpfel
Salz
1 EL Butter
½ l Milch
2 EL Butter

Zubereitung:

Das Rindsfilet von Sehnen und Häuten befreien, mit Salz und weißem Pfeffer aus der Mühle würzen, mit Dijon-Senf einreiben und in einer heiße Pfanne mit Olivenöl und Butter rundum anbraten. Bei 180 °C etwa 15 Minuten im Rohr fertig garen. Das Rindsfilet nach Beendigung des Bratvorganges in Folie einpacken und an einen warmen Ort zum Rasten geben. Den Bratenrückstand in einer Pfanne mit ¼ l Rotwein ablöschen, einreduzieren lassen und mit braunem Kalbsfond (siehe Kapitel *Fond und Jus*) auffüllen. Wenn nötig, noch mit Butter montieren. Danach Trüffelstücke in den Jus geben.

Die Gänseleber in etwa 50 g große Stücke schneiden. Beidseitig salzen und pfeffern und in Mehl wenden. Eine Pfanne mit Olivenöl erhitzen und die Gänseleber darin braten, umdrehen, ein Stück Butter beigeben und vom Feuer nehmen.

Für das Püree die Erdäpfel in gleichmäßige Stücke schneiden und in Salzwasser kochen. Dann durch die Erdäpfelpresse mit der Butter in die heiße Milch pressen, mit Salz und Muskat abschmecken.

Das Rindsfilet und das Erdäpfel-Püree nebeneinander am Teller platzieren. Den Trüffeljus über das Filet gießen und die Gänseleber auf das Filet setzen. Mit Thymian garnieren.

Steaks und Kräuter

Wir werden Sie in diesem Kapitel nicht mit langatmigen Rezepturen verunsichern. Nehmen Sie ein Côte de Bœuf oder ein T-Bone-Steak in Top-Qualität – und ab auf den Grill.

Pfeffersteak vom Limousin-Rind mit Speck-Erdäpfeln

Zutaten (für 4 Personen):
4 Stück Rindslungenbraten
à 180 g
3 EL grüner Pfeffer (eingelegt)
¼ l Suppe oder Kalbsjus
100 ml Obers
50 g Butter
Salz, Pfeffer aus der Mühle
Öl
Cognac

Zubereitung:

Die gut zugeputzten Steaks beidseitig mit Pfeffer würzen. Öl in einer Pfanne erhitzen und die Steaks beidseitig rasch und kräftig anbraten. Bei mäßiger Hitze dann unter mehrmaligem Wenden fertig braten (4–5 Minuten für medium). Die Steaks aus der Pfanne nehmen und warm stellen. Das Fett aus der Pfanne abgießen. Den Bratrückstand mit Cognac löschen, mit Kalbsjus oder Suppe aufgießen, aufkochen und etwas reduzieren lassen. Das Obers hinzugeben und nochmals kurz aufkochen. Grüne Pfefferkörner abgießen und ohne Lake in die Sauce geben. Anschließend mit kalten Butterstücken montieren. Die Steaks auf vorgewärmten Tellern anrichten und mit der Pfeffersauce überziehen.

Dazu serviert man am besten Speck-Erdäpfel (Speck würfeln, Erdäpfel in kleine Stücke schneiden und zusammen in heißem Fett herausbraten).

Côte de Bœuf und Côte de Veau am Grill

Bei den folgenden Fleisch-Grill-Rezepten ist eine Mengenangabe unnötig. Viel wichtiger ist, dass Sie eine gute Fleischqualität erhalten. Diese erkennen Sie unter anderem an der Marmorierung. Denn ein gesundes Maß an Fett gibt dem Fleisch erst den Geschmack.

Natürlich sollte das Côte de Bœuf auch lang genug abgehangen sein. Fragen Sie ruhig Ihren Fleischer oder Lieferanten, wie lang das gute Stück gehangen ist. Wenn es sich um einen Mann Ihres Vertrauens handelt, wird er Ihnen die Wahrheit sagen, ansonsten seien Sie misstrauisch. Bei einem Côte de Bœuf sind vier Wochen jedenfalls ideal, erst dann ist es richtig schön dunkel.

Côte de Bœuf heißt das Fleischstück übrigens, wenn es nach französischer Art geschnitten wurde. Im deutschsprachigen Raum wird es hingegen „Hohe Rippe" genannt und auch etwas anders geschnitten als in Frankreich.

Reiben Sie das vom Knochen gelöste Fleischstück (3–4 cm dick) mit Olivenöl, fein gehackten Kräutern (Rosmarin, Salbei), grobem Meersalz und frisch gemahlenem Pfeffer gut ein und legen Sie es auf den Grill. Das Fleisch ist dann gar, wenn es eine Innentemperatur von max. 50 °C erreicht hat. Das lässt sich leicht mit einem Fleischthermometer messen. „Rare" oder „medium rare" ist das Fleisch jedenfalls am besten.

Dazu servieren Sie Braterdäpfel und eine Sauce béarnaise (siehe Kapitel *Saucen*).

Beim Côte de Veau (Kalbskotelett) ist die Garzeit entsprechend kürzer, da es nicht so dick ist. Grundsätzlich können Sie aber genauso damit verfahren, wie mit dem Côte de Bœuf: Würzen, grillen, essen – in beiden Fällen liegt in der Einfachheit die wahre Größe.

T-Bone-Steak, Porterhouse-Steak am Grill

T-Bone-Steaks sind geradezu ideal zum Grillen. Sie werden aus dem Roastbeef herausgeschnitten – die besten Stücke stammen aus dem Grenzbereich zwischen Beiried und Filet. Deshalb haben T-Bone-Steaks einen kleinen Filetanteil, der bei Porterhouse-Steaks nach amerikanischem Vorbild noch etwas größer ist. Der Name „T-Bone" kommt übrigens vom T-förmigen Knochen, der für den Geschmack nicht unerheblich ist.

Wichtig beim Grillen: Die Glut sollte extrem heiß sein. Da das Fleisch aber im Idealfall einen schönen Fettrand hat, ist die Gefahr groß, dass beim Grillen das geschmolzene Fett Feuer fängt. Deshalb entweder die Kohle kurz zur Seite schieben oder das Fleisch rasch vom Grill nehmen. Das erfordert erhöhte Konzentration, denn das Fleisch muss sofort weitergegrillt werden.

Vor dem Grillen: das Fleisch mit einer Mischung aus schwarzem und weißem Pfeffer, Olivenöl, etwas Zitronensaft und Meersalz einreiben.

Schweinskotelett mit Kräuterbutter

Bei diesem Gericht geht es schlicht um gegrillte Schweinskoteletts. Das kann an sich köstlich sein, die wirkliche Besonderheit ist hier aber die selbstgemachte Kräuterbutter nach einem Rezept von Camillo Schmidt, einem Freund des Autorenteams.

Zutaten für die Kräuterbutter:
250 g Butter
2 EL Kapern (nicht gesalzen)
4 Sardellenfilets
Thymian
Rosmarin
½ Chilischote
1 Zitrone (unbehandelt)
Salz, Pfeffer

Zubereitung:

Die Butter auf Zimmertemperatur erwärmen lassen. Kapern, Sardellenfilets, Chilischote, Thymian und Rosmarin fein hacken oder in den Mixer geben. Zesten von der Zitrone reißen und mit etwas Saft von der Zitrone untermischen. Alles zusammen mit der Butter verrühren, so lange, bis eine cremige Masse entstanden ist. Mit Salz und Pfeffer abschmecken. Diese Masse in eine Alufolie geben und über Nacht im Kühlschrank ziehen lassen.

Die Schweinskoteletts am Grill auf den Punkt garen und zusammen mit der Kräuterbutter servieren. Ideal dazu: Salat und Braterdäpfel.

Kalb und Leber

Innereien haben zuweilen kein gutes Image. Das ist schade, denn wer wirklich genießen will, der kommt eigentlich nicht daran vorbei. Und wenn es um Kalb geht, darf natürlich das „Wiener Schnitzel“ nicht fehlen.

Kalbsniere im Ganzen, gebraten in Wacholder-Senf-Sauce, glaciertem Chicorée und grünen Nudeln

Zutaten (für 8 Personen):

Für die Kalbsnieren:
2 Kalbsnieren
Salz, schwarzer Pfeffer aus der Mühle
10 fein gehackte Wacholderbeeren
etwas Estragon- und Dijon-Senf
etwas frischer Thymian, gezupft
Butterschmalz oder Olivenöl zum Braten

Für die Wacholder-Senf-Sauce:
10 Wacholderbeeren, feinst geschrotet
4 EL Honig
Salz, Pfeffer aus der Mühle
etwas Dijon- und Estragonsenf
¼ l brauner Fond
etwas Weißweinessig
50 g Butter zum Montieren (Bratenrückstand der Niere)

Für den glacierten Chicorée:
2 Stück Chicorée
etwas Zitronensaft
Salz, weißer Pfeffer aus der Mühle
4 EL Honig
⅛ l Weißwein, etwas Butter

Für die gründen Nudeln:
100 g Petersilie, geputzt und gewaschen
1 Ei
1 Dotter
½ TL Olivenöl
Salz
200 g Mehl

Zubereitung:

Das Fett der Nieren entfernen, Niere auf der Unterseite etwas aufschneiden und die Hauptader herausnehmen. Man kann diesen Vorgang schon am Vortag durchführen und die Niere über Nacht in Milch einlegen.

Nieren salzen und pfeffern, mit gehacktem Wacholder, etwas Senf und Thymian einmassieren. Olivenöl oder Butterschmalz in der Pfanne erhitzen und die Niere von allen Seiten gut anbraten. Bei 200 °C Ober-/Unterhitze ca. 15 Minuten fertig braten (öfters wenden).

Pfanne aus dem Rohr nehmen,

Nieren warm stellen, Bratenrückstand aufheben.

Für die Sauce Honig karamellisieren lassen, Wacholder beigeben, mit braunem Fond (siehe Kapitel *Fond und Jus*) untergießen, mit Salz, Pfeffer und Senf würzen und das Ganze in die Pfanne mit dem Bratenrückstand gießen. Mit einem Schneebesen das Angebratene lösen, Wacholder-Senf-Sauce durch ein Sieb gießen, mit Butter aufmontieren und mit Essig abschmecken.

Für den glacierten Chicorée Honig in der Pfanne karamellisieren lassen, vom Chicorée die Strünke abschneiden, Blätter in lauwarmem Wasser waschen (Bitterstoffe ausschwemmen), abtrocknen und in Honig kurz durchschwenken. Mit Wein ablöschen, abschmecken und mit etwas Butter montieren.

Für den grünen Nudelteig Ei, Dotter, Öl, Salz mit etwas Mineralwasser und Petersilie im Mixer fein pürieren. In eine Schüssel füllen, nach und nach Mehl zugeben und so lange verkneten, bis sich der Teig vom Schüsselrand löst. Zu einer Kugel formen, in Klarsichtfolie einschlagen und 30 Minuten kühl stellen.

Teig durch die Nudelmaschine treiben und je nach Wunsch feine oder breite Nudeln herstellen.

Nudeln in Salzwasser al dente kochen, abseihen und sofort in Butter und Olivenöl schwenken.

Eine Scheibe der Niere auf einen flachen Teller setzen, mit der Wacholder-Senf-Sauce übergießen und mit dem Chicorée sowie den Nudeln als Beilage servieren.

Gebratene Gänseleber auf Honig-Äpfeln

Zutaten (für 4 Personen):
500 g Gänseleber
etwas Mehl
Salz, weißer Pfeffer aus der Mühle
frische Blattsalate
Rotweinessig & Nussöl
6 Äpfel
2 EL Honig
2 cl Grand Marnier

Zubereitung:

Die Gänseleber von Haut und Sehnen befreien, in fingerdicke Scheiben schneiden und mit Salz & Pfeffer würzen. In Mehl wenden und in einer heißen Pfanne mit Öl und Butter braun braten.

Die Äpfel in dünne Scheiben schneiden und in einer heißen Pfanne mit Honig glacieren. Mit Grand Marnier ablöschen. Die gebratene Gänseleber auf die Honigäpfel und auf den mit Nussöl und Rotweinessig marinierten Salat setzen.

Venezianische Kalbsleber

Zutaten(für 4 Personen):
500 g Kalbsleber, in Streifen geschnitten
100 g Mehl
2 EL Öl
2 weiße Zwiebeln
Weißweinessig
300 ml Geflügelsuppe
60 g Butter
1 Bund Petersilie
Salz, Pfeffer

Zubereitung:

Die Leber in Streifen schneiden, im Mehl wenden und abklopfen. In einer Pfanne Öl erhitzen und die Leber darin scharf anbraten, danach beiseite stellen.

Die Zwiebeln in Streifen schneiden und in derselben Pfanne glasig dünsten, mit Weißweinessig ablöschen und mit Geflügelsuppe auffüllen. Alles aufkochen und mit Butter montieren.

Die Petersilie hacken und mit der Leber zu den Zwiebeln geben.

Mit Salz und Pfeffer abschmecken.

Ideal dazu: gebratene Erdäpfel

Lammleber mit Rosmarin

Zutaten (für 4 Personen):
800 g Lammleber
4 EL Olivenöl
2 EL Balsamicoessig
50 g Butter
1 Bund Rosmarin
Salz, Pfeffer
grobes Meersalz

Zubereitung:

Die Haut der Leber abziehen und die Leber in 5 mm dicke Scheiben schneiden. Die Leber pfeffern (aber nicht salzen, da sie sonst trocken wird) und in Öl etwa 5 Minuten auf beiden Seiten braten. Leber herausnehmen und warm stellen.

Den Bratenrückstand in der Pfanne kurz erhitzen, mit Balsamicoessig ablöschen, mit etwas Wasser aufgießen, die klein gehackten Rosmarin-Zweige dazugeben und das Ganze reduzieren lassen. Die Sauce mit Butter montieren und mit Salz und Pfeffer abschmecken.

Die Leber auf die vorgewärmten Teller anrichten, mit Sauce übergießen und etwas Meersalz daraufstreuen. Mit frischen Rosmarin-Zweigen garnieren und mit Braterdäpfeln servieren.

Champignon-schnitzel

Zutaten (für 4 Personen):
4 Kalbsschnitzel
Mehl
4 EL Öl
Obers
40 g Butter
150 g Champignons
Salz, Pfeffer
Petersilie

Zubereitung:

Schnitzel mit einem Plattiereisen sanft klopfen. Mäßig salzen. In Mehl wenden, gut abschütteln und schön braun anbraten. Die Schnitzel herausnehmen und warm stellen. Bratenrest mit etwas Obers verrühren und aufkochen. Die Schnitzel darin fertig dünsten.

Blättrig geschnittene Champignons in Butter dünsten, die angerichteten Schnitzel damit belegen und mit gehackter Petersilie bestreuen.

Wiener Schnitzel

Zutaten (für 4 Personen):
Schnitzel vom Kalbsschlegel
à 160 g
Salz
Mehl zum Panieren
2 Eier
200 g Weißbrotbrösel
Schweineschmalz oder Butterschmalz zum Backen
Zitrone

Zubereitung:

Schnitzel mit einem Plattiereisen sanft klopfen. Mäßig salzen. In Mehl wenden, gut abschütteln.

Durch pures Ei ziehen. In Brösel wenden.

(Manche Köche bevorzugen die Variante, wo das Ei noch mit einer halben Eischale Wasser oder Öl „verlängert" wird. Andere geben auch etwas Obers dazu).

Schnitzel in heißem Schweineschmalz backen. Wichtig ist dabei, dass sie im Fett schwimmen. Pfanne immer ein wenig rütteln, damit Fett und Schnitzel in Bewegung bleiben. So souffliert die Panier am schönsten. Beim Wenden nicht ins Fleisch stechen und auch nicht zu oft wenden.

Schnitzel zu goldgelber Farbe backen.

Nach dem Backen das Schnitzel gründlich mit Küchenkrepp abtupfen.

Huhn und Wachtel

Geflügelgerichte für Genießer – vom einfachen Brathendl bis zu raffinierten Wachtelbrüstchen an der Karkasse gebraten. Die Zubereitungsarten sind aber alle nicht schwer.

Brathendl gefüllt mit Semmelfülle

Zutaten (für 4 Personen):
1 Hendl
2 Semmeln, altbacken
1 Zwiebel
1 Ei
2 EL Petersilie
¼ l Bier
1 EL Öl
200 ml Milch
¼ l Geflügeljus
Salz, Pfeffer aus der Mühle

Zubereitung:

Hendl ausnehmen, waschen und trockentupfen.

Die Innereien – bis auf den Hals – ganz klein schneiden. Zwiebel und Semmeln ebenfalls klein schneiden und mit dem Ei und der Petersilie vermischen. Lauwarme Milch über die Semmelmischung geben, salzen und durchziehen lassen. Die Semmeln sollten weich sein, aber die Mischung nicht zu flüssig. Das Hendl damit füllen.

Öl und Bier vermischen und das Hendl damit einpinseln. Das Hendl im Backrohr bei 200 °C knusprig braten, mit Hühnerfond (siehe Kapitel *Fond und Jus*) mehrmals übergießen.

Wachtelbrüstchen an der Karkasse gebraten mit geschmorten Wachtelhaxerln

Zutaten (für 4 Personen):
8 Wachteln
80 g Butter
2 Schalotten
1 Zweig Thymian
1 Zweig Rosmarin
2 Knoblauchzehen
100 ml weißer Portwein
100 ml Weißwein
200 ml Geflügeljus
Salz, Pfeffer

Zubereitung:

Bei den Wachteln die Keulen von der Brust trennen. Keulen in Butter goldbraun anbraten, mit Portwein ablöschen, reduzieren, mit Weißwein ablöschen, wieder reduzieren.

Die Schalotten klein schneiden, dazugeben und mit Geflügeljus aufgießen. Thymian dazugeben. Das Ganze eine Stunde lang schmoren lassen.

Nun die Brüstchen an der Karkasse in Butter anbraten – zuerst am Rücken ungefähr 10 Minuten, dann wenden und noch einige Minuten braten. Rosmarinzweige sowie die restliche Butter dazugeben und darin schwenken. Salzen, pfeffern – 5 Minuten rasten lassen.

Brüste von der Karkasse auslösen und auf Teller anrichten, die geschmorten Haxerln dazugeben.

Dazu serviert man besten eine Polenta und in Grappa eingelegte Weintrauben.

Gebratene Wachteln im Ganzen mit Spiegelei

Zutaten (für 4 Personen):
8 Wachteln
8 Wachteleier
250 g Lardo-Speck
80 g Butter
1 Zweig Thymian
1 Zweig Rosmarin
2 Knoblauchzehen
2 EL Olivenöl
¼ l Weißwein
grobes Meersalz
Salz, Pfeffer

Zubereitung:

Die Wachteln waschen und trockentupfen. Am Bauch mit der Geflügelschere aufschneiden, sodass sich zwei Hälften aufklappen lassen. Auf der Hautseite gut mit Salz einreiben und in Butter kurz anbraten.

Den weißen Lardo-Speck in dünne Scheiben schneiden.

Die Wachteln in einen Bräter legen, die Lardo-Scheiben auf die Wachteln legen, Olivenöl darübergießen und Knoblauchzehen sowie die Thymian- und Rosmarinzweige dazulegen. Mit Weißwein übergießen. Immer wieder den gesamten Saft über die Wachteln gießen.

Kurz bevor man die Wachteln aus dem Rohr nimmt, die Wachteleier in einer Pfanne mit Butter aufschlagen.

Wenn die Wachteln gar sind, diese herausnehmen, in kleine Stücke schneiden, auf eine Servierplatte legen und mit Pfeffer und grobem Meersalz würzen. Die Spiegeleier extra servieren.

Ideal dazu: gutes Brot und ein kräftiger Weißwein.

Estragon-Huhn à la Créme

Zutaten (für 4 Personen):
1 Huhn (1,2 kg)
200 g Obers
100 ml Weißwein
1 Bund frischer Estragon
2 EL getrockneter Estragon
4 EL Dijon-Senf
Salz, Pfeffer

Zubereitung:

Das Huhn ausnehmen, waschen, trockentupfen und zerteilen.

Die einzelnen Stücke reichlich mit Dijon-Senf bestreichen, salzen und pfeffern. Getrockneten Estragon darübergeben.

Im bei 200 °C vorgeheizten Rohr 10 Minuten anbraten. Mit Weißwein ablöschen, frischen Estragon dazugeben.

Etwa 30 Minuten im Rohr braten und dabei immer wieder mit dem Saft aufgießen.

Den Saft entfetten, in einem Topf mit Obers aufgießen und gegebenenfalls mit Butter montieren.

Hühnerstücke auf eine Servierplatte legen, wieder frischen Estragon dazugeben und die Sauce darübergießen.

Dazu passt Reis oder Braterdäpfel.

Landart – die Königsklasse

Geflügel wie in Frankreich, Fleisch vom exzellenten „Atterochs", Würste und Speck von feinster Machart und eine Rohmilchbutter zum Dahinschmelzen. All das hat einen Namen: Landart.

Geflügel- und Fleischlieferanten gibt es viele. Wer allerdings nur ganz erlesene Delikatessen aus der Landwirtschaft sucht, der sollte das Holzberggut in Unterach am Attersee besuchen.

Dort hat der deutsche Extremgourmet und „Rungis-Express"-Gründer Karl Heinz Wolf die Edellandwirtschaft „Land-Art" in die grüne Welt gesetzt. Inzwischen wurde diese erlesene Gourmandisen-Manufaktur von Wolfs Mitarbeiter Paul Brzon übernommen.

Geblieben ist der hohe Qualitätsanspruch des Gründers. Wolf wollte einfach nur das Beste vom

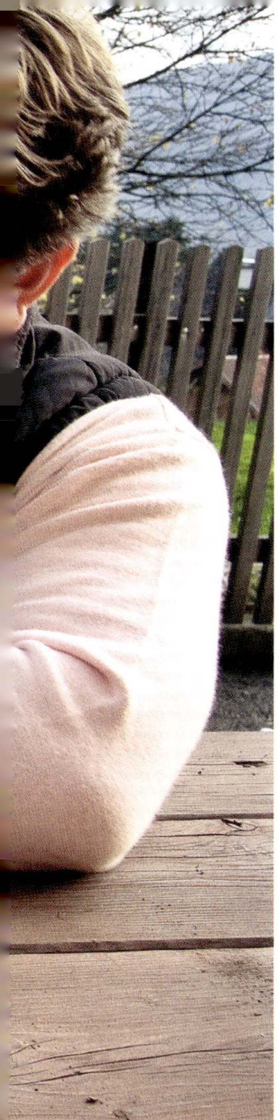

Besten. Und so entstand etwa der unter Feinschmeckern und Spitzenköchen längst legendäre „Atterochs“. Werden Ochsen oft schon nach 12 Monaten geschlachtet, so darf der Atterochs erst nach drei Jahren geschlachtet werden. Durch das langsame Wachstum und die Freilandhaltung entsteht ein Fleisch mit ausgeprägtem Aroma. So werden durch ausreichende Bewegung die Fettzellen im ganzen Fleisch gleichmäßig verteilt – es bildet sich nicht nur eine äußere Fettschicht.

Grandios auch das „Egelseer Waldschwein“, das von einigen Landart-Kunden auch liebevoll „Kobe-Schwein“ genannt wird – in Anlehnung an das unvergleichliche „Kobe-Rind“ aus Japan.

Im Unterschied zur Agrarindustrie werden die Tiere nicht schon nach vier, sondern erst nach 12 Monaten geschlachtet. In erster Linie dient das Fleisch zur Herstellung der berühmten Landart-Pur-Porc-Salami und der Schinken- und Speckproduktion. Die Filets, das Karreefleisch und der Schopf werden allerdings fallweise auch frisch angeboten.

Landart ist ein wahres Produktparadies. Eine derart cremige, sahnige und geschmacksintensive Rohmilchbutter wird man selbst in Frankreich nur selten finden. Auch das Geflügel ist von der Qualität her den edlen Hühnern aus der französischen Bresse durchaus ebenbürtig.

Die gesamte Produktpalette ist enorm und lässt sich am einfachsten im Internet nachlesen. Dort kann übrigens auch bestellt werden – obwohl sich ein gelegentlicher Besuch am Holzberggut lohnt. Es ist eine Reise in eine Welt, die immer kostbarer wird.

Adresse: LandArt, Paul Brzon – Produkte für Feinschmecker, 4866 Unterach, Egelseestraße 44, Tel.: 07665/6011

Rind und Lamm

Erst wer ein paar klassische Fleischgerichte im Repertoire hat, kann guten Gewissens von kochen reden. Mit Lammstelzen und Rindsbraten lassen sich aber großartige Erfolge feiern.

Lammstelze mit Ratatouille

Zutaten (für 6 Personen):
2 kleine Stelzen vom Milchlamm (oder eine große)
2 EL Olivenöl
Salz
Pfeffer aus der Mühle
20 g Butter
½ Knoblauchzehe
1 Stängel glatte Petersilie
1 Prise Majoran
Schale von ¼ Orange
Schale von ¼ Zitrone
3 Rosmarinnadeln
1 Prise Thymian
evt. Wurzelgemüse und Schalotten zum Mitbraten

Für das Ratatouille:
1 Melanzani
1 Zucchini
3 Paradeiser
je 1 gelber, roter und grüner Paprika
1 Gemüsezwiebel
2 Knoblauchzehen
2 EL Paradeismark
frische Kräuter, vor allem Petersilie, Rosmarin und Thymian, Oregano
etwas Suppe
Salz, Pfeffer, Zucker
5 EL Olivenöl
1/16 l Weißwein

Zubereitung:

Ofen auf 220 °C vorwärmen. In einer ovalen, feuerfesten Pfanne das Olivenöl erhitzen. Die zum Braten vorbereitete Keule hineinlegen und im Rohr ca. 15 Minuten auf jeder Seite braten lassen.

Sie sollte am Knochen leicht rosa bleiben.

Die Stelze aus der Pfanne nehmen, mit Salz und Pfeffer bestreuen und noch wenigstens 10 Minuten warm stellen, (am besten bei geöffneter Ofentüre oder vor dem Bratrohr) öfters umdrehen.

Aus der Bratpfanne das Fett entfernen. Die Butter in der Pfanne aufschäumen lassen. Die gehackten Aromen beigeben, ganz kurz anschwitzen lassen, mit etwas Wasser ablöschen.

Den Vorgang ein- bis zweimal wiederholen, ebenso den ausgetretenen Fleischsaft von der ruhenden Keule hinzufügen. Der Saft soll klar sein und kurz gehalten werden.

Für das Ratatouille das Gemüse in ½ cm große Würfel schneiden.

Olivenöl erhitzen und alle Gemüse außer den Paradeisern gut anschwitzen.

Mit dem Weißwein ablöschen, mit Paradeismark verfeinern, würzen und mit Suppe aufgießen.

5 Minuten köcheln lassen, frische Kräuter beigeben und die Paradeiswürfel unterheben

Das Fleisch parallel zum Knochen in feine, nur etwa ½ cm dicke Scheiben schneiden und auf heißen Tellern anordnen. Leicht mit Salz und Pfeffer aus der Mühle bestreuen, mit dem Saft umgießen. Das Ratatouille als Beilage anrichten.

Rostbraten mit Eierschwammerln und Hörnchen

Zutaten (für 6 Personen):
1 kg Rostbraten oder Beiried
300 g Eierschwammerln
4 EL Öl
20 g Butter
100 g Zwiebeln
100 g Obers
40 dl Rindsuppe
Salz und Pfeffer
Petersilie
Senf
20 g Mehl

200 g Bio-Hörnchen

Zubereitung:

Rostbraten oder Beiried in 6 Scheiben schneiden, dünn klopfen, die Ränder einschneiden. Salzen und pfeffern, mit Senf bestreichen und mit Mehl melieren. In heißem Fett beidseitig braun anbraten, aus der Kasserolle nehmen, etwas Butter wieder in die Kasserolle geben. Die Zwiebeln glasig anschwitzen und dann die Eierschwammerln dazugeben, auch anschwitzen und mit Suppe aufgießen. Die Rostbraten dazugeben, kurz mitkochen lassen, bis sich das Mehl bindet, mit Obers verfeinern, mit Petersilie, Salz und Pfeffer abschmecken.

Die Hörnchen in Salzwasser bissfest kochen. Anrichten.

Rindsbraten in Burgunder-Wurzelsauce mit Serviettenknödeln und Preiselbeeren

Zutaten (für 4 Personen):
2 ½ kg Rindfleisch
(weißes Scherzel)
Salz, Pfeffer
Wacholderbeeren, gehackt
etwas Öl

2 Zwiebeln
4 Karotten
3 Petersilwurzeln
1 Lorbeerblatt
2 Thymianzweige
Paradeismark
Rotwein
etwas Mehl zum Stauben
Wasser oder Wildfond

2 EL Sherry
Preiselbeeren

1 EL Honig

Für die Serviettenknödel:
250 g Semmeln, altbacken
200 ml Milch
60 g Butter
4 Eier
Salz, Pfeffer, Muskat

Zubereitung:

Das weiße Scherzel mit Salz, Pfeffer und Wacholderbeeren einreiben. In einer Bratenpfanne etwas Öl erhitzen und den Schlegel von beiden Seiten scharf anbraten. Bei 220 °C im Backrohr 30 Minuten braten lassen.

Das geputzte und grob geschnittene Gemüse, Gewürze und Paradeismark zum Schlegel geben und rösten lassen. Mit Rotwein ablöschen, den Schlegel mit Alufolie abdecken und in etwa einer Stunde fertig garen. Den Schlegel herausnehmen und warm stellen. Den Bratenrückstand mit Mehl stauben und mit Wasser oder Wildfond auffüllen. Kräftig verkochen und fein mixen. Durch ein Haarsieb passieren und mit Sherry abschmecken. Den Schlegel mit Honig bestreichen und im heißen Backrohr einige Minuten glasieren.

Für die Serviettenknödel Semmeln in Würfel schneiden und mit Milch befeuchten.

Die Eier trennen. Die Butter in der Rührmaschine schaumig schlagen. Gewürze und Dotter beigeben.

Butter-Dottermasse mit den Semmelwürfeln vermengen und zum Schluss den Eischnee unterheben. Die Masse in eine Serviette einschlagen und zu einer Rolle formen. In Salzwasser ca. 40 Minuten pochieren.

Den Rindsbraten auf einen Teller geben und die Serviettenknödel dazu anrichten – mit Preiselbeeren servieren.

Zwiebelrostbraten
mit Braterdäpfeln

Zutaten (für 6 Personen):
6 Stück Rindfleisch (Rostbraten-schnitzel)
600 g Zwiebeln
125 ml Bratensaft
250 ml Rindsuppe
Salz, Pfeffer
1 EL Paprikapulver
100 g Mehl
5 EL Öl

Für die Braterdäpfel:
1 kg Erdäpfel
3 Zwiebeln
1 Knoblauchzehe
2 EL Schweineschmalz
2 EL Majoran, Pfeffer

Zubereitung:

Zwiebeln schälen, in dünne Scheiben schneiden, Zwiebeln in einer Mischung aus Mehl und einer Prise Paprikapulver wenden, gut abschütteln, Zwiebeln in reichlich Öl goldgelb backen und gut abtropfen lassen. Fleisch wenig klopfen, an den Rändern einschneiden und in griffigem Mehl wenden. Rosbraten in wenig Öl bei mittlerer Hitze beidseitig anbraten. Fleisch warm stellen, austretenden Saft auffangen.

Bratenrückstand mit Suppe und Bratensaft aufgießen, ein Drittel der gerösteten Zwiebeln zugeben und aufkochen. Rostbraten und Fleischsaft zugeben und kurz ziehen lassen. Rostbraten mit dem Saft anrichten und mit den restlichen Röstzwiebeln bestreut servieren.

Für die Braterdäpfel die geschälten Erdäpfel in Scheiben schneiden. Die Knoblauchzehe sehr klein, die Zwiebeln in Halbmonde schneiden. Alles zusammen in einer Pfanne im Schweineschmalz braten. Den Majoran unterheben und pfeffern.

Lammrücken mit Aromen, Ratatouille und Rosmarin-Gnocchi

Zutaten (6 Personen):
etwas Lamm-Jus
600 g Lammrücken
4 Knoblauchzehen
3 Zweige Rosmarin
3 Zweige Thymian
3 Schalotten

Für das Ratatouille:
1 Melanzani
1 Zucchini
3 Paradeiser
je 1 gelber, roter und grüner Paprika
1 kleine Zwiebel
2 Knoblauchzehen
kalte Butter
1 EL Paradeismark
frische Kräuter, vor allem Petersilie
etwas Suppe
Salz, Pfeffer

Für die Gnocchi:
6–7 mittelgroße Erdäpfel
1–2 Eidotter
1–2 EL Stärkemehl
Salz, Muskat
etwas gehackter Rosmarin
2 EL Butter, etwas Olivenöl

Zubereitung:

Das Lamm würzen, in Öl beidseitig anbraten und mit den Aromen in das Rohr bei 200 °C schieben.

Für den Gnocchi-Teig die Erdäpfel waschen, kochen, schälen und in warmem Zustand durch eine Erdäpfelpresse drücken. Mit Dotter, Rosmarin, Öl, Salz, Muskat und dem Stärkemehl zu einem glatten Teig verkneten.

Den Teig zu Gnocchi formen. In Salzwasser kurz vor dem Anrichten kochen und in Butter schwenken.

Für das Ratatouille das Gemüse in eine beliebige Form schneiden. Butter zergehen lassen, die Zwiebel hineingeben und anschwitzen lassen. Das restliche Gemüse dazugeben. Mit Paradeismark kurz anrösten und mit etwas Suppe aufgießen.

Mit frischen Kräutern zum Schluss noch verfeinern und mit Salz und Pfeffer würzen.

Ratatouille auf den Teller geben, das Lamm daraufsetzen und die Gnocchi dazugeben.

Artischocken und Paradeiser

Vergessen Sie fade Glashausparadeiser, denn es gibt mittlerweile eine Vielzahl an geschmacksintensiven Paradeisern. Und die lassen sich mit Artischocken herrlich kombinieren.

Paradeiservariationen, Kirsch-Birnen-Herz und Fleischparadeiser mit Vinaigrette

Dieses Gericht hat nur ein Motto: Das Einfachste ist immer das Beste. Hier geht es nicht um Kochkunst, sondern vielmehr darum, gute Paradeiser zu finden und sie mit einer schlichten Vinaigrette oder überhaupt nur mit einem hochwertigen Olivenöl zu genießen.
Das Angebot an seltenen und geschmacksintensiven Paradeisern ist in der letzten Zeit deutlich besser geworden. Je bunter die Mischung, desto besser.

Zutaten:
Eine Mischung aus möglichst vielen verschiedenen Paradeisersorten. Etwa Kirsch-, Birnen-, Herz- und Fleischparadeiser. Wenn möglich, geben Sie auch die eher seltenen gelben Paradeiser dazu.

Für die Vinaigrette:
2 EL Weinessig
4 EL gutes Olivenöl
2 EL Weißwein
1 Schalotte
1 EL Kapern
Petersilie
Schnittlauch
Salz, Pfeffer

Zubereitung:

Für die Vinaigrette den Weinessig mit Salz und Pfeffer vermischen. Das Öl nach und nach einschlagen und mit dem Wein verdünnen. Schalotte, Kräuter und Kapern fein hacken und dazugeben.

Die Paradeiser in mundgerechte Stücke schneiden und mit der Vinaigrette servieren.

Wagramer Artischocken gratiniert mit Sauce Mornay

Zutaten (für 4 Personen):
4 Artischocken
1 Zitrone
Salz, Pfeffer

Sauce Mornay mit Parmesan
(siehe Kapitel *Saucen*)

Zubereitung:

Artischocken putzen und so schneiden, dass die Böden übrig bleiben. Böden in Salzwasser kochen. Die Böden auf Teller anrichten, die Sauce Mornay darübergießen und im Salamander oder im Backrohr bei starker Oberhitze gratinieren.

Paradeiser und Artischocken
mit Basilikum in Butter

Zutaten (für 4 Personen):
4 Artischocken
4 Paradeiser
4 EL Butter
4 EL Olivenöl
1 Bund Basilikum
Salz, Pfeffer

Zubereitung:

Artischocken putzen und so schneiden, dass die Böden übrig bleiben. Böden in Butter sautieren. Paradeiser kurz in kochendes Wasser geben, Haut abziehen und das Paradeiserfleisch in Würfel schneiden. Die Würfel zu den Artischocken geben und sämig einkochen. Mit Olivenöl, Salz und Pfeffer abschmecken, Basilikum dazugeben.

Schmelz-Paradeiser mit Zitronen-Thymian

Zutaten (für 4 Personen):
4 reife und fleischige Paradeiser
1 EL Kristallzucker
4 EL Butter
4 Zweige Zitronenthymian
1 Prise Backpulver
Salz, Pfeffer

Zubereitung:

Die Butter in einer Pfanne leicht erwärmen. Paradeiser kurz in kochendes Wasser geben, Haut abziehen und das Paradeiserfleisch in Würfel schneiden. Die Würfel in Butter anschwitzen, den Zucker dazugeben und karamellisieren lassen. Die restliche Butter dazugeben und das Backpulver einstreuen, damit die Farbe erhalten beleibt (verändert nicht den Geschmack).

Das Ganze etwas schmoren lassen und zum Schluss mit dem Zitronenthymian, Salz und Pfeffer abschmecken.

Bärlauch-Ravioli
mit geschmolzenen Paradeisern

Zutaten (für 6 Personen):

Für den Nudelteig:
1 kg griffiges Mehl
4 Dotter
6 ganze Eier
4 EL Olivenöl
1 Prise Salz
evt. nach Größe der Eier 4 EL Wasser
1 ganzes versprudeltes Ei

Für die Bärlauchfülle:
50 g Bärlauch, blanchiert und fein gehackt
1 Limette (Abrieb & Saft)
60 g Topfen
30 g Pomodori secchi (getrocknete Paradeiser)
Salz, weißer Pfeffer aus der Mühle

Für die geschmolzenen Paradeiser:
3 Paradeiser (Concasser)
50 g Bärlauch, in feine Streifen geschnitten
3 kleine Schalotten, fein gehackt
⅛ l Weißwein
100 g Butter
Salz, weißer Pfeffer aus der Mühle
1 Prise Zucker
3 EL Olivenöl

Zubereitung:

Für die Fülle alle Zutaten vermengen, gut verrühren und abschmecken.

Für die geschmolzenen Paradeiser die geschälten, entkernten und in Würfel geschnittenen Paradeiser mit klein gehacktem Bärlauch und klein geschnittenen Schalotten in etwas Olivenöl anschwitzen. Mit Weißwein ablöschen, mit Salz, Pfeffer und Zucker würzen, Weißwein zur Gänze einreduzieren lassen und das Ganze mit kalter Butter aufmontieren.

Für den Nudelteig alle Zutaten zu einem glatten Teig in der Rührmaschine verarbeiten.

Auf der Nudelmaschine den Lasagneblätter-Aufsatz anbringen und hauchdünne Teigplatten ausrollen.

Nudelteigplatten mit Ei bestreichen, die Fülle auf die Platten setzen. Die zweite Nudelteigplatte darüberlegen und den Teig rund um die Fülle leicht andrücken. Mit einem runden Ausstecher (ca. 8 cm Durchmesser) ausstechen.

Die Bärlauch-Ravioli in kochendem Salzwasser vorsichtig al dente kochen, mit den geschmolzenen Paradeisern vermengen und sofort servieren.

Wild und Ente

Ein großes Herbstmenü ohne Wildgerichte ist bloß eine halbe Sache. Und was Enten betrifft, so geht kaum etwas über eine Waldviertler Bauernente im Ganzen gebraten.

Wildschwein-Tagliatelle

Zutaten (für 6 Personen):
1,4 kg Wildschweinragout,
2 x 2 cm gewürfelt
40 g Öl
etwas Paradeismark
1 Handvoll Mehl

Pfefferkörner
Wacholderbeeren
1 Lorbeerblatt
¼ l Rotwein
600 g Gemüse, in 2 x 2 cm Würfel geschnitten (Zwiebeln, Karotten, Sellerie,
gelbe Rüben)

½ EL Senf
3 EL Preiselbeerkompott

Für den Nudelteig:
1 kg Hartweizengrieß
6 ganze Eier
2 Dotter
6 EL Olivenöl
4 EL Wasser

Zubereitung:

In Fett wird das Fleisch scharf geröstet. Das Fleisch herausnehmen. Die Gemüsewürfel kurz anrösten und ebenfalls wieder herausgeben. Im Bratrückstand etwas Paradeismark rösten und mit Mehl stauben. Das Fleisch wieder zugeben und mit dem Rotwein aufgießen. Kurz einkochen lassen und mit Wasser oder Jus aufgießen. Nach ca. 1 Stunde das Wurzelwerk zugeben und mitdünsten. Sobald das Fleisch weich ist, gemeinsam mit dem Gemüse herausnehmen. Die Sauce würzen, mit Senf und den Preiselbeeren abschmecken und über das Fleisch passieren.

Für die Nudeln die Zutaten in die Nudelmaschine geben und den Tagliatelle-Aufsatz daraufsetzen.

Die Nudeln in Salzwasser al dente kochen. Das Wildschweinragout im Teller flach anrichten und die in Butter geschwenkten Tagliatelle daraufsetzen.

Gebackenes Rehschnitzel

Zutaten (für 6 Personen):
ca. 1 kg Rehschlögel, in Teile zerlegt
Salz, Pfeffer, Petersilie gehackt
etwas Zitronensaft
Mehl
1 Ei
Semmelbrösel

8–10 festkochende Erdäpfel
½ Zwiebel, gewürfelt
Salz, weißer Pfeffer
Tafelessig
Tafelöl
Zucker
Senf

Vogerlsalat, geputzt
Balsamico
Nussöl
Salz, Pfeffer, Zucker

Zubereitung:

Rehschlögel in Schnitzel schneiden und plattieren. Mit Salz, Petersilie und Zitrone würzen und panieren. Die panierten Schnitzel in Pflanzenfett oder Butterschmalz frittieren und warm stellen.

Die Erdäpfel kochen, schälen und in Scheiben schneiden. Den Kürbis ebenfalls in kleine Scheiben schneiden, blanchieren, abschrecken und zu den Erdäpfeln geben. Mit den restlichen Zutaten nach Geschmack marinieren.

Aus Balsamico, Nussöl, Salz, Pfeffer und Zucker ein Dressing herstellen und den Vogerlsalat damit marinieren.

Bauernente im Ganzen
mit Speckkrautsalat, Honig-Äpfeln und Erdäpfelknödeln

Zutaten (für 4 Personen):
1 Waldviertler Bauernente
1 Apfel
1 Zwiebel
Salz, Majoran
etwas Ingwer

Für den Speckkrautsalat:
300 g Weißkraut
200 g Speck
Honig
Weißwein
Kümmel
Salz, Pfeffer
Petersilie, gehackt

Für die Erdäpfelknödel:
4–5 mittelgroße Erdäpfel
1–2 Eidotter
etwas Öl oder Butter
1–2 EL Stärkemehl
Salz & Muskat

6 Äpfel
2 EL Honig
2 cl Grand Marnier

Zubereitung:

Die Ente innen waschen und mit Salz einreiben. Ingwer, einen Apfel und eine Zwiebel in kleine Würfel schneiden und in den Bauch der Ente stopfen. Die Ente auch auf der Haut salzen und in einer Bratpfanne auf der Brust liegend in den vorgeheizten Backofen geben (180–200 °C). Nach 30 Minuten die Ente wenden, noch einmal für 30 Minuten ins Rohr geben, aber nur bei 150 °C. Das überschüssige Fett aus der Pfanne leeren, mit Wasser auffüllen, aus dem Bratenrückstand eine Sauce zubereiten.

Das Kraut hobeln und den Speck in Würfel schneiden. In einem Topf Honig karamellisieren und das Kraut beigeben, anschwitzen und mit Weißwein ablöschen. Reduzieren und mit Wasser auffüllen, Gewürze beigeben und weich dünsten. Speckwürfel dazugeben und ebenfalls weich kochen. Abschmecken und vor dem Anrichten Petersilie beigeben.

Die Erdäpfel waschen, kochen, schälen und im warmen Zustand durch eine Erdäpfelpresse drücken. Mit Eidotter, Öl, Salz, Muskat und Stärkemehl zu einem glatten Teig verkneten und Knödel drehen. Vor dem Anrichten in Salzwasser kochen!

Die Äpfel in dünne Scheiben schneiden und in einer heißen Pfanne mit Honig glacieren. Mit Grand Marnier ablöschen.

Ente à l'orange

Zutaten (für 4 Personen):
1 Ente (ca. 1 ½ kg)
40 g Butter
5 unbehandelte Orangen
¼ l Geflügelfond
1 TL Zucker
1 Schuss Grand Marnier
Salz, Pfeffer

Zubereitung:

Die Ente salzen und in einem Schmortopf in Butter anbraten. Schale von zwei Orangen in Streifen schneiden. Das Fett abgießen, den Fond (siehe Kapitel *Fond und Jus*) und die Orangen-Streifen einrühren. Die Ente etwa 45 Minuten schmoren.

Die restlichen drei Orangen schälen (sodass keine weiße Haut zurückbleibt). Die Schalen in Streifen schneiden und 3 Minuten in kochendem Wasser blanchieren.

Die geschälten Orangen filetieren und die Kerne entfernen. Eine Orange entsaften.

Am Ende der Garzeit die Sauce entfetten und durch ein feines Sieb passieren. Die blanchierten Orangenstreifen, den Saft von einer Orange, Zucker und einen Schuss Grand Marnier in die Sauce einrühren.

Die Ente tranchieren. Auf eine vorgewärmte Servierplatte Orangenfilets und Ententeile legen und mit der Sauce übergießen.

Wildentenbrüstchen im Brotteig

Zutaten (für 6 Personen):
800–900 g Wildentenbrüstchen
Salz und Pfeffer aus der Mühle
2 Scheiben Tramezzinibrot oder Toastbrot
100 g Farce
3 Wacholderbeeren, gehackt
1 kg grüne Wagramer Walnüsse
1 l Wasser
1 kg Zucker
5 Stangen Zimt
1 Vanilleschote
6 Zitronen
1 EL Gewürznelken
Dirndln (Kornellkirsche)
Zucker, Zimtrinde, Gewürznelken, Wasser

Für die Farce:
50 g Hendlfleisch
50 g Obers
1 Eiweiß
Salz, Pfeffer
Cognac

Zubereitung:

Für die Farce das Hendlfleisch faschieren und anschließend im Cutter mit Eiweiß, Obers, Salz, Pfeffer und Cognac zu einer cremigen Farce cuttern.

Dann das Wildentenbrüstchen zuputzen und würzen.

Das Tramezzinibrot auf die Maße 15 x 15 cm zuschneiden, zwischen Frischhaltefolie legen und dünn ausrollen, mit der Farce bestreichen und den mit Salz, Pfeffer und Wacholderbeeren gewürzten Rehrücken daraufsetzen.

Das Ganze einrollen und in Fett rundherum anbraten, bei 180 °C 5 Minuten garen und 5 Minuten bei 80 °C rasten lassen.

Die Nüsse brauchen eine längere Vorbereitung.

Die Nüsse acht- bis zehnmal bis zur Mitte einstechen, in einen Topf geben und mit kaltem Wasser bedecken, fünf Tage lang zweimal täglich neu wässern.

Den Zucker leicht karamellisieren, mit Wasser ablöschen und alles aufkochen, bis sich der Zucker aufgelöst hat. Die übrigen Zutaten, also Zimt, das Innere der Vanilleschote und den Zitronensaft, dazugeben. Die gewässerten Nüsse einlegen und über Nacht erkalten lassen. Am nächsten Tag noch einmal aufkochen, 15 Minuten ziehen lassen und abseihen.

Die Nüsse in Gläser schlichten. Die Marinade einkochen lassen und heiß über die Nüsse gießen. Gläser sofort verschließen. Vor Genuss mindestens 6 Monate warten.

Gulasch und Ragout

In beiden Fällen ist Geduld und ein beherztes Gefühl für große Mengen notwendig. Denn nur in sehr großen Quantitäten funktioniert die Verbindung der wenigen Elemente.

Gulasch scharf, klassisch

Zutaten (für 6 Personen):
1 ½ kg Wadschinken vom Limousin-Rind oder Schulter
1 ½ kg weiße Zwiebeln
300 g Schweineschmalz
3 EL Waldviertler Kümmel
4 EL Waldviertler Majoran
4 EL scharfer Paprika
3 Weingartenknoblauchzehen
2 l Wasser
1 KL Salz
1 Spritzer Essig
1 Chilischote

Zubereitung:

Zwiebeln fein schneiden, in Schweineschmalz langsam goldbraun rösten. Fleisch in 3–4 cm große Würfel schneiden.

Alle Gulasch-Gewürze beigeben, einmal durchrösten, mit Essig ablöschen, mit Wasser auffüllen. Jetzt das Fleisch dazugeben und 1 ½ Stunden bei kleiner Hitze garen.

Anschließend 1 ½ Stunden nachziehen lassen.

Erdäpfelgulasch

Die Angabe für „6 Personen" ist mit Vorsicht zu genießen. Erdäpfelgulasch ist ein Paradebeispiel für jenen Effekt, den Friedrich Engels als „Umschlagen von Quantität in Qualität" bezeichnet hat. Nur in sehr großen Mengen funktioniert die fast wundersame Verbindung der wenigen, simplen Elemente. Hier handelt es sich um ein Rezept für gerade noch haushaltsüblich große Töpfe. Probieren Sie es aber einmal mit der doppelten Menge und Sie werden staunen.

Zutaten (für 6 Personen):
4 kg Zwiebeln
¼ l einfaches Pflanzenöl
6 kg Erdäpfel, festkochend
40 g Paprikapulver edelsüß
5 l Rind- oder Hühnersuppe
4 Lorbeerblätter
Salz, Pfeffer
½ TL Chilipaste oder Sambal

pro Portion 20 g Debreziner und 20 g Chorizo
1 Zitrone mit unbehandelter Schale
evtl. etwas Sauerrahm zum Servieren

Zubereitung:

Erster Schritt am Vortag: Zwiebeln schälen, klein schneiden und in einem großen Topf in ziemlich viel Öl andünsten. Die Zwiebeln dürfen nicht rösten oder bräunen, sondern müssen auf ganz kleiner Flamme ungefähr 6–8 Stunden vor sich hinschmurgeln. Die Zwiebelphase beim Gulasch ist beendet, wenn die kleinen weißen Würfelchen zu einer Art cremiger Paste zerfallen sind.

Am nächsten Tag die Erdäpfel roh schälen und in mittelgroße Würfel schneiden. Die Zwiebelpaste vom Vortag kräftig erhitzen. Paprikapulver einstreuen, durchrühren und sofort mit Rindsuppe aufgießen. Wenn der Paprika zu lange röstet, wird er bitter. Jetzt die Erdäpfel beigeben, Lorbeerblätter drauf, salzen, pfeffern und mit Chili schärfen.

Wieder langsam köcheln lassen, ca. 1–2 Stunden.

Länger ist besser, aber die Erdäpfel dürfen nicht zerfallen. Wenn das Gulasch fertig ist, 6 Portionen in einen kleinen Topf geben, erwärmen und die Würste in Scheiben schneiden, Scheiben halbieren und in Butter anrösten.

Beim Aufwärmen das Gulasch mit der abgeriebenen Schale einer halben Zitrone bestreuen, einrühren.

Wurstscheiben unter das Gulasch mischen, anrichten. Jede Portion noch einmal mit etwas Zitronenabrieb bestreuen.

Reisfleisch

Zutaten (für 4 Personen):
1 ½ kg Schweinsschulter
¾ kg Zwiebeln
150 g Schweineschmalz
3 EL Sauerrahm
3 EL Paprika süß
Majoran
1 Chilischote
3 Knoblauchzehen
Salz
Pfeffer
Essig
250 g Rundkornreis

Zubereitung:

Die Schulter in 1–2 cm große Würfel schneiden. Zwiebeln fein schneiden und im Schweineschmalz gut rösten. Dazu kommen Knoblauch, Majoran und Paprika. Dann mit Essig ablöschen und mit etwas Wasser auffüllen. Den Reis und die Fleischstücke dazugeben und ungefähr 90 Minuten langsam dahinziehen lassen.

Anrichten, mit Sauerrahm abschmecken, salzen und pfeffern.

Majoranfleisch

Zutaten (für 4 Personen):
1 ½ kg Schweinebauch oder Schweineschulter
80–100 g Schweineschmalz
80–100 g Olivenöl
3 EL frischer Majoran
3 EL getrockneter Majoran
1 weiße Feldzwiebel
etwas Weißwein
1 EL Mehl

Zubereitung:

Das Fleisch in ein 1–2 cm große Würfel schneiden. Die Zwiebel in kleine Stücke schneiden und in der Schmalz- und Olivenölmischung eine halbe Stunde dünsten lassen. Danach kommt das geschnittene Fleisch dazu, das Ganze langsam schmoren lassen und mit einem Esslöffel Mehl bestauben. Den frischen und den getrockneten Majoran dazugeben. Mit einem Schuss Weißwein ablöschen und den Bodensatz immer wieder durchmischen. Reduzieren lassen. Mit Wasser oder Rindsuppe wieder aufgießen. Wieder langsam dahinschmurgeln lassen, die fein gehackten Chilischoten und den klein geschnittenen Knoblauch dazugeben. Das Fleisch sollte zu guter Letzt schön mürbe sein, es soll auch noch genügend Saft übrig bleiben.
Als Beilage eignen sich Petersilerdäpfel.

Die neue Art, Wein zu trinken

„Erlaubt ist, was gefällt", ist das neue Motto beim Umgang mit Wein. Starre Regeln sind überholt, was zählt, sind Phantasie und Einfühlungsvermögen.

„Weißer Wein zu weißem Fleisch und roter Wein zu rotem Fleisch", lautete lange Zeit eine Regel unter Gourmets. Doch diese Zeiten sind längst vorbei. Viel zu lange haben wir uns von sogenannten „Weinkennern" mehr oder weniger sinnlose Regeln aufzwingen lassen und dabei vergessen, worum es beim Essen und Trinken eigentlich geht: um Lust und Genuss!

Geschmack ist bekanntlich subjektiv und verweigert per se jegliche Normierung. Noch dazu hat sich die Weinwelt in den letzten Jahren von Grund auf geändert, inzwischen ist möglich, was früher undenkbar war.

Manche Belehrungen zum Thema „Wein" lassen sich jedoch nur schwer ausrotten. Einige der beliebtesten Vorurteile:

1.

Zu Fisch und hellem Geflügel darf man nur Weißwein trinken.

Falsch! Nicht die Farbe des Weines entscheidet, sondern seine Geschmacksintensität. Wein und Essen sollen sich beflügeln und nicht gegenseitig erdrücken. Zu einem blanchierten, zart gewürzten Fisch eignet sich ein ebenso zarter eleganter Wein: egal ob weiß oder rot. Kräftiger Fisch mit intensiven Gewürzen benötigt entsprechend ausdruckstarken Wein.

2.

Zu asiatischer Küche passt kein Wein.

Unsinn! Die intensiven, oft scharfen Gerichte sind eine besonders spannende Herausforderung für den Sommelier. Es gilt, Weine zu finden, die entweder fruchtig-exotische Aromen aufweisen oder geschmacklich so komplex gestrickt sind, dass sie die Vielschichtigkeit der Gewürze parieren können. Es müssen nicht unbedingt breite, mächtige Weine sein. Aufregender sind elegante, tiefgründige Gewächse im Spätlesebereich. Burgunder, Riesling, Grüner Veltliner. Auch hier spielt die Farbe des Weines eine untergeordnete Rolle. Orientieren Sie sich bei der Auswahl des Weines an der Zubereitungsart: Gartechniken, Gewürze und Konsistenzen sind dabei wichtige Kriterien.

3.

Zu Käse reicht man schweren Rotwein.

Längst überholt! Die Art des Käses entscheidet über die Wahl des Weines und dabei kann man ruhig experimentieren. Spannend sind Schimmelkäse zu Süßweinen, aber auch zu Spätlesen. Zu würzigem Hartkäse eignen sich kräftige Weißweine oder zarte weiße oder rote Burgunder. Zu Weichkäse passt auch ein kräftiger Chardonnay, der im Barrique ausgebaut wurde, oder ein würziger Traminer. Spielen Sie mit den Geschmäckern und setzen Sie auch geschmackliche Kontrapunkte. Das belebt den Gaumen!

4.

Champagner und Schaumweine eignen sich nur als Aperitif.

Falsch: Winzersekte, hochwertige Schaumweine und Champagner können großartig durch ein mehrgängiges Menü begleiten. Von zart, mineralisch, fruchtig über exotisch bietet Champagner alle möglichen Geschmacksfacetten und kann zu allen Gerichten genossen werden. Champagner wirkt zudem animierend für Körper und Geist!

5.

Weißwein serviert man in kleinen, schmalen Gläsern. Nur Rotweine benötigen große, bauchige Gläser.

Ein weit verbreiteter Irrtum: Leichte, unkomplizierte Weißweine fühlen sich in schmalen Gläsern vielleicht wohl. Kräftige, strukturierte Weißweine im Spätlesebereich ersticken in zu kleinen Gläsern oder erwachen erst gar nicht zum Leben. Um ihre gesamte Geschmackspalette entfalten zu können, brauchen kräftige Veltliner, Rieslinge und Burgunder große, bauchige Gläser. Sperren Sie intensive Weißweine nicht länger in enge Gefängnisse!

Leichte, einfache Rotweine wiederum sind in bauchigen Burgunderwannen völlig überfordert. Sie besitzen nicht die Struktur, um diese Luftkur zu überleben, und schmecken nur mehr nach fadem Fruchtsaft. Mit Ausnahme des Pinot Noir büßt jeder elegante, zarte Rotwein seine Geschmacksnuancen ein. Nur kräftige Blaufränkische, tanninbetonte Cabernets, Sangiovese im Reservebereich, Nebbiolo Tempranillo und hochkarätige Cuvées zeigen im großen Glas ihre Qualität.

6.

Rotweine müssen dekantiert werden.

Überflüssig: Freilich ist es eine schöne Zeremonie, den Rotwein aus der Flasche in eine Glaskaraffe zu gießen. Doch nicht jeder Rotwein verträgt diese Tortur. Früher dekantierte man, um die Feststoffe, die sich am Boden absetzen, nicht ins Glas zu bekommen.

Junge Rotweine weisen jedoch kaum bittere Feststoffe auf, ältere Kaliber wiederum sollte man nur ganz vorsichtig dekantieren. Der edle Tropfen liegt oft Jahre im Keller und kann durch die plötzliche Sauerstoffzufuhr einen Schock erleiden und brechen. Ist das passiert, können Sie den Wein bestenfalls als Essig verwenden. Nur extraktreiche, kräftige Rotweine mit hoher Tanninstruktur, die man jung genießen möchte, brauchen die plötzliche Sauerstoffzufuhr, um ihre Geschmacksfülle entwickeln zu können. Schonender ist es, den Wein einige Stunden vorher zu lüften: So kommt die Luft nur langsam und gering dosiert zum Wein – er kann sich langsam entfalten und gibt letztlich feinere Geschmacksnuancen frei.

Übrigens: Auch kräftiger, junger Weißwein gewinnt beim Dekantieren in schmale Glaskaraffen!

HOTEL
SCHLOSS

Register

N

O

P

R

S

T

V

W

Z

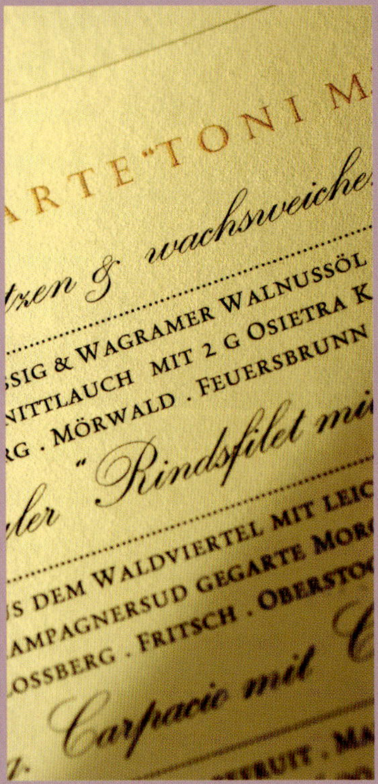

Restaurant Mörwald
„Zur Traube“ &
Hotel „Villa Katharina****“
Kleine Zeile 13-17
3483 Feuersbrunn
+43.2738.2298.0
office@moerwald.at

Gourmetrestaurant „Toni M.“
Kleine Zeile 13-17
3483 Feuersbrunn
+43.676.842298.81
toni@moerwald.at

Hotel & Restaurant Mörwald
„Schloss Grafenegg“
3485 Grafenegg 12
+43.2735.2616.0
grafenegg@moerwald.at

Relais & Châteaux Mörwald
„Kloster Und“
Undstraße 6
3500 Krems an der Donau
+43.2732.70493.0
und@moerwald.at

Für die Hilfe und das Engagement bei der Entstehung dieses Buches bedanken wir uns bei:

... dem gesamten Köche-Team von Toni Mörwald, vor allem aber bei seinem Küchenchef François Laliberté.

... bei Aleksandra und Stefan Fuhrer für die außergewöhnliche grafische Gestaltung.

ISBN 978-3-85431-476-9

Buchgestaltung und Produktion: fuhrer, Wien
Coverentwurf: Bruno Wegscheider
Reproduktion: Pixelstorm, Wien
Druck und Bindung: Druckerei Theiss, St. Stefan im Lavanttal
Printed in Austria